Lao-tse
Tao-Tê-King

Das Heilige Buch
vom Weg und von der Tugend

Übersetzung,
Einleitung und Anmerkungen
von Günther Debon

Reclam

RECLAMS UNIVERSAL-BIBLIOTHEK Nr. 6798
Alle Rechte vorbehalten
© 1961, 1979 Philipp Reclam jun. GmbH & Co. KG, Stuttgart
Durchgesehene und verbesserte Ausgabe
Gesamtherstellung: Reclam, Ditzingen. Printed in Germany 2014
RECLAM, UNIVERSAL-BIBLIOTHEK und
RECLAMS UNIVERSAL-BIBLIOTHEK sind eingetragene Marken
der Philipp Reclam jun. GmbH & Co. KG, Stuttgart
ISBN 978-3-15-006798-7

www.reclam.de

EINLEITUNG

Namenlos wie der *Weg*, den er verkündete, war und bleibt für uns der Verfasser jenes schmalen Werkes, das wie kaum ein anderes den Spürsinn der Interpreten, den Scharfsinn der Textkritik und die Kunst der Übersetzer in Ost und West herausgefordert hat. Sein Titel *Tao-Tê-King* (gesprochen: Dau-Dö-Djing), wörtlich *»Das Heilige Buch vom Weg und von der Tugend«*, ist erst im 6. Jahrhundert n. Chr. nachweisbar; sein Verfasser, der, wie die neuere Forschung ergeben hat, um das Jahr 300 v. Chr. oder später lebte, hatte das Werk vermutlich *Lau-dsĕ*[1] genannt, was *»Der Greise Meister«* bedeutet. Eine solche Berufung auf den geistigen Ahn eigenen Schaffens war im alten China durchaus geläufig. Und es spielt dabei keine Rolle, ob jener Lau-dsĕ legendär oder historisch ist. Wir kennen ihn lediglich aus einigen Quellen des Taoismus, besonders aus dem *Dschuang-dsĕ*, wo der Greise Meister unter dem Namen Lau Dan als belehrender Widerpart des Konfuzius (551 bis 479 v. Chr.) auftritt. Auf Grund dieses literarischen Vorkommens erfolgte die traditionelle Zuweisung des *Tao-Tê-King* an das 6. vorchristliche Jahrhundert. Bereits die ›Biographie‹ des Lau-dsĕ, wie sie sich in den *»Annalen des Großhistoriographen«*, dem *Schĕ-gi* des Sĕ-ma Tsiän (um 100 v. Chr.), findet, erzählt die wohlbekannte Legende von dem königlichen Archivar, welcher sich, der Welt überdrüssig, nach dem fernen Westen aufmacht und am Paßtor, vom Grenzkommandanten um Hinterlassung seiner Lehre gebeten, »ein Buch in zwei Teilen von mehr als fünftausend Worten« niederschreibt. Der schwarze Büffel, auf dem der Meister dem Vergessen entgegenreitet und welcher in der Kunst bis hin zu Bert Brechts liebevoller Ballade als Attribut Lau-

[1] Herkömmlich: Lao-tse. Zur Aussprache der chinesischen Namen siehe S. 111.

dsěs dient, ist eine Zutat noch späterer Heiligenlegende.

Namenlos und doch nicht anonym tritt uns der Autor entgegen. Zu dringlich vernehmen wir sein Selbstbekenntnis in Kapitel 20 (§ 48); zu gebieterisch ist seine Geste des Menschenführers (Kap. 67 und 70) – falls es angesichts der unvergleichlichen Wirkung seiner Worte noch solcher Zeugnisse bedarf.

Das Herkommen jener Lehrweisheit, als deren Vater Lau-dsě fortan galt, verliert sich im Dunkeln. Ihr Zentralbegriff, das *Tao*, der »Weg«, findet sich bereits in den Aussprüchen des Konfuzius an zahlreichen Stellen, und zwar in der Bedeutung: Weg der guten alten Könige, Weg des rechten Verhaltens.[2] Im ältesten Taoismus könnte das Wort als »Weg zum ewigen Leben« verstanden worden sein (vgl. Kap. 59, letzter Satz). In einer Ausweitung des Begriffes wurde *Tao* sodann zum Weg des Universums, zum Gang der Natur, zum Urgrund des Seins und wurde schließlich zum Namen des Unbenennbaren schlechthin (Kap. 25). Auch das Wort *Tê* hat mehrfache Stadien durchlaufen. Anfänglich bezeichnete es die magische Kraft dessen, der sich rituell, später: der sich moralisch richtig verhält.[3] Auf seiner frühen Stufe wäre *Tê* gut mit dem deutschen Wort *Tucht* wiedergegeben, das ebenfalls die *Virtus* als Kraft und Macht bezeichnete, um durch *Tugend* ersetzt zu werden, so wie das chinesische Wort, besonders unter konfuzianischem Einfluß, zum rein moralischen Begriff wurde. Das *Tao-Tê-King* enthält einige vermutlich ältere Sprüche, in denen die ›Tugend‹ noch in jenem Sinn

2 W. Speiser hat jene Sätze des *Lun-yü*, der »*Ausgewählten Worte*« des Konfuzius, zusammengestellt, in denen *Tao* und *Tê* vorkommen. Siehe G. Debon / W. Speiser, *Chinesische Geisteswelt*, Baden-Baden 1957, S. 27–44.
3 Vgl. J. J. L. Duyvendak, »Chinesische Philosophie«, in: *Die Philosophie im XX. Jahrhundert*, Stuttgart 1959, S. 33 f.

4

der magischen oder charismatischen Tucht zu verstehen ist (Kap. 28, 55). Vorwiegend aber ist sein *Tê* schon ethisch gemeint.

Ziel der taoistischen Mystik ist es, zum *Weg* ursprünglicher Natur und damit zu dauerndem Leben heimzukehren. Als Hindernisse sind zu verwerfen: Eigensucht, Gewinnstreben, Bildung, Kunst, Kultur sowie die Satzungen des staatlichen Zusammenlebens. Nachdem unweigerlich auf die Blüte das Welken folgt (Kap. 16, § 38), kann Glück nur durch ein Aufhalten des Erfolges, Leben nur durch ein Aufhalten des Alterns gewonnen werden. Anders als in der griechischen Philosophie und im christlichen Glauben, die zwischen Diesseits und Jenseits klar unterscheiden, sieht der Taoist das ewige Leben als eine Fortsetzung der leiblichen Existenz an, so daß das Wort *schen* sowohl den Körper wie das Selbst bezeichnet (vgl. Kap. 13). Ja, nach einer späteren Auffassung endet die Möglichkeit, unsterblich zu werden, mit dem siebzigsten Lebensjahr.[4] Der ideale Zustand ist der des Kindleins (Kap. 10, 28, 55); des schlichten, unbearbeiteten Holzblocks (Kap. 15, 19, 28, 32, 37, 57); des First-, d. h. Grenzenlosen (Kap. 28, 59). Erreicht wird dieser selige Zustand durch Beschränkung der Samen, Worte und Taten. *Wu-we*, wörtlich »ohne Tun«, ist einer der beliebtesten Termini sämtlicher taoistischen Schriften.

Die Anhänger solcher Thesen dürften von Ursprung her ein weltflüchtiges Dasein mit meditativen, sexuellen und Atem-Praktiken geführt haben, wie sie noch im 10. Kapitel des *Tao-Tê-King* angedeutet sind. Die Befürwortung eines Lebens in und mit der Welt – wenn auch fern vom Staatsdienst –, die sich wiederholt im *Dschuang-dsĕ* ausgesprochen findet (so 19.5 und 15.1),

4 Siehe H. Maspero, *Le Taoisme*, Paris 1950 (Mélanges posthumes sur les religions et l'histoire de la Chine II), S. 23.

5

ist vermutlich schon als Antithese zu verstehen. Vollends im *Tao-Tê-King* geschieht eine durchgreifende Ausweitung des ur-taoistischen Gedankens durch seine Verlagerung auf den politischen Bezirk. Und wenn es in Anbetracht der mancherlei Quellen, welche das Werk gespeist haben mögen, angängig ist, von einem ›Verfasser‹ zu sprechen, so können wir letztlich nur jenen Edelmann des 3. Jahrhunderts v. Chr. im Auge haben, der die Lehre von der Selbsterhaltung und Selbstheiligung auf die Person des Herrschers übertrug. Diese Vermengung von Mystik und Staatsführung mag sonderbar erscheinen (vgl. Kap. 10 und 16); entgegen kam ihr der Umstand, daß die chinesische Weltschau von jeher universistisch war: Himmel, König und Erde sind danach in ständiger Wirkung und Gegenwirkung einander verbunden; Mikrokosmos und Makrokosmos sind eins.[5]

Die Hinwendung von der privaten zur politischen Heilslehre läßt sich im *Tao-Tê-King* nachweisen: Sprüche, die dem einzelnen Adepten gelten,[6] wechseln mit solchen, die sich an den Herrscher wenden, der zuweilen als Oberhaupt des Reiches kenntlich gemacht ist.[7] Entsprechend mehrdeutig bleibt die Person des »Heiligen Menschen«. In ihr fallen der Anachoret[8], der Amtsträger (§§ 65 und 69) und der Herrscher[9] zusammen. Ein Satz wie »*Deshalb, der Heilige Mensch tut für den Bauch, nicht für das Aug*« (§ 27) kann daher in zweifachem Sinn gelesen werden; zunächst als Maxime für den einzelnen, sodann in ihrer Übertragung: Der Herr-

5 Vgl. J. J. M. de Groot, *Universismus. Die Grundlage der Religion und Ethik, des Staatswesens und der Wissenschaften Chinas*, Berlin 1918.
6 Vgl. die §§ 33 f., 95, 120 f., 126 f.
7 §§ 41, 46, 85, 90, 135, 138, 140, 156, 159, 173, 178, 193; dem Reichsoberhaupt gelten die §§ 30, 60, 66, 80, 112, 145.
8 Vermutlich in den §§ 7, 18, 110, 120, 170, 172, 174.
9 Vermutlich in den §§ 10, 23, 51, 113, 134, 160.

scher sorge, daß das Volk satt, aber nicht, daß seine Begehrlichkeit geweckt werde.

Die traditionelle Identifizierung des Lau Dan im *Dschuang-dsě* mit dem *Lau-dsě*-Verfasser und die sich daraus ergebende frühe Datierung seiner Schrift verführten dazu, in Meister Dschuang (gest. um 275 v. Chr.) seinen »größten Schüler« und sprachgewaltigen Interpreten zu sehen. Noch in jüngster Zeit werden in einer weitverbreiteten Publikation einzelne Kapitel des *Dschuang-dsě* gleichsam als dichterisch-ausschmückende Kommentare zu den kargen Urworten des Lau-dsě herangezogen. Nachdem eine derartige Verfahrensweise den historischen Sachverhalt auf den Kopf stellt, wäre zu fragen, ob Lau-dsě – wenn es erlaubt ist, den Unbekannten der Tradition gemäß so zu nennen – sich seinerseits auf Dschuang-dsě und seine Schule zurückführen läßt. Bekannt ist der stilistische Abstand beider Werke. Dschuang-dsě schwelgt in Allegorien; das *Tao-Tê-King* ist völlig frei davon. Vergleichen wir etwa sein 25. Kapitel mit folgendem bei Dschuang-dsě (7.7):

Kaiser des Südmeers war Flugs. Kaiser des Nordmeers war Stracks. Kaiser der Mitte war Urdunkel. Flugs und Stracks trafen einander von Zeit zu Zeit im Lande Urdunkels, und Urdunkel begegnete ihnen mit großer Freundlichkeit. Da berieten sich Flugs und Stracks, wie sie die Gunst Urdunkels vergölten, und sie sprachen untereinander: Die Menschen haben alle der Öffnungen sieben, zum Sehen, zum Hören, zum Essen und zum Atmen. Der hier allein hat keine. Laßt uns versuchen, sie ihm zu bohren!
Täglich bohrten sie ein Loch. Am siebten Tag war Urdunkel tot.

Es erweist sich: Dschuang-dsě ist der Genialere, Witzige, die Bande der Welt mit einem Auflachen Zerreißende; Lau-dsĕ der Ernstere, in gewisser Weise Engere, auch im Ausdruck Naivere.

Zu leicht bewertet wird im allgemeinen der Gegensatz beider Denker in ihrer Stellung zum Staate: des anarchistischen Individualisten Dschuang-dsĕ einerseits, der gleich einer Schildkröte lieber »seinen Schwanz durch den Schlamm zog« denn als göttliches Tier im Tempel, d. h. in Amt und Würden, aufgebahrt zu sein (17.10); und andererseits des an den Staatslenker sich wendenden Lau-dsĕ, so wunschhaft-idyllisch seine Konzeption des idealen Staates auch sein mag (Kap. 80). Kein Zufall wird es sein, daß er den im 19. Kapitel wiedergegebenen Spruch seinem Werk einfügte, statt des sehr ähnlichen, der sich, meist als Reimspruch übersehen, im 10. Buch des *Dschuang-dsĕ* findet:

> *Brich ab die Heiligkeit, verwirf die Klugheit!*
> *So kommt zum Stehn der große Raub.*
> *Wirf fort den Jadeschmuck, zertrümmere die Perlen!*
> *Und auch das kleine Rauben kommt nicht auf.*
> *Verbrenn die Pässe, brich entzwei dein Siegel!*
> *So kehrt das Volk zu schlichtem Brauch.*
> *Zerspell die Scheffel und reiß ein die Waagen!*
> *Dann wird das Volk sich ohne Streit vertragen.*

Eine Vernichtung der königlichen Ausweise wie des Staatssiegels dürfte dem *Tao-Tê-King*-Verfasser zu radikal erschienen sein. Kein Zufall auch, daß im Gegensatz zu den mannigfachen Ausdrücken, mit denen Dschuang-dsĕ die Freiheit bezeichnet, im *Tao-Tê-King* nur selten von Freiheit die Rede ist.

Vollends übersehen wird der Unterschied beider Werke in ihrer Stellung dem Tode gegenüber. Bei Dschuang-dsĕ und seiner Schule eine souveräne Mißachtung des Todes, eine Verneinung der Möglichkeit überhaupt, das Leben vom Tode zu trennen.[10] Bei Lau-dsĕ dagegen –

10 Vgl. *Dschuang-dsĕ* 2.9, 2.12, 3.4, 6.3, 6.4, 6.5, 18.2, 18.4.

und hier steht er dem Ur-Taoismus ungleich näher –
bildet die Bewahrung des leiblichen Lebens einen, wenn
nicht *den* Kerngedanken.

> *Das Balkenstarke stirbt keinen guten Tod.*
> *Dies wollen Wir zum Vater unserer Lehre nehmen*

heißt es im 42. Kapitel.[11] Ein Vergleich der beiden Vä-
ter des Taoismus führt zu dem Ergebnis, daß sie wohl
aus dem gleichen großen Strom des mystischen Quietis-
mus schöpfen, jedoch an verschiedener Stelle, mit un-
gleichem Gefäß und zu anderem Zweck.

Die Konzeption Lau-dsēs war nur eine von vielen Lö-
sungsversuchen in den blutigen Zeitläuften der soge-
nannten Kämpfenden Staaten. Spätestens seit dem 5.
Jahrhundert v. Chr. rangen die Fürsten- und König-
tümer in durchtriebenstem diplomatischen Ränkespiel
und in endlosen Kriegen um die Hegemonie. »Das Reich
zu nehmen« war Geheiß und Problem der Stunde (vgl.
Kap. 29, 31, 48). Reisende Philosophen suchten die
Landesherren – nominell noch immer Vasallen des
Dschou-Königs – auf, um ihnen einen Weg zur Welt-
herrschaft (denn Reich und Erdreich waren für den
Chinesen dasselbe) zu weisen. Neben den bündnispoli-
tischen Entwürfen, die sich auf Allianzen mit oder gegen den bedrohlich anwachsenden Staat Tsin beschränk-
ten, fand das willigste Gehör der sogenannte Legalismus, die Theorie vom Gesetzes- und Polizeistaat. Im
reichen Tsi des Nordostens entwickelt, wurde der Legalismus im Westen, im halbzivilisierten Tsin, zur Voll-
endung getrieben, womit es diesem Außenstaat gelang,
sämtliche Rivalen niederzuzwingen und im Jahre 221
v. Chr. jenes Einheitsreich zu konstituieren, nach dem
wir heute noch China benennen. Dieser Lehre vom to-

11 Vgl. des weiteren Kap. 50, 67, 74, 76, 80.

talen Staat und der totalen Aufrüstung[12] setzt Lau-dsĕ
seine zwar nicht pazifistischen, doch im höchsten Grade
waffenfeindlichen Sentenzen in den Kapiteln 30, 31
und 69 entgegen; der totalen Staatsaufsicht etwa den
§ 135 in Kapitel 58 und § 140 in Kapitel 60. Ebenfalls
die Anfangszeile von Kapitel 74 oder der Satz in Kapitel 80:

> *Mach, daß das Volk ernst nimmt den Tod*

sind aus einer Zeit heraus zu verstehen, als unmensch-
liche Fronarbeit und unaufhörlicher Waffendienst den
Tod süßer als das Leben erscheinen ließen.
Nach fünfzehnjähriger Zwangsherrschaft brach die
Tsin-Dynastie zusammen. Die folgende Han-Dynastie
übernahm zwar etliche der legalistischen Verwaltungs-
maßnahmen, als wichtigste den Beamtenstaat anstelle
des Feudalismus; zur orthodoxen Philosophie jedoch
wurde im Jahre 136 v. Chr. der Konfuzianismus erklärt und blieb es bis 1911. Sein ›Begründer‹ Kung Kiu,
genannt Kung-fu-dsĕ, »Meister Kung«, hatte um das
Jahr 500 v. Chr. gewirkt. Zeit seines Lebens ohne Amt,
hatte er sich der Erziehung junger Adliger im Lande Lu
gewidmet, und die Maximen dieser Erziehungstätigkeit
sind das Gerüst dessen, was später zum konfuzianischen
System ausgearbeitet wurde. *Jen*, die *»Menschenwür-
digkeit«* oder *»Menschenfreundlichkeit«*, spielt eine do-
minierende Rolle darin; der *gehorsame Sohn* und *treue
Untertan* sind das pädagogische Ziel; Vorbild für den
Fürsten sind die *Heiligen*: die Gottkaiser und Gründer-
könige des hohen Altertums.
Mong-dsĕ (latinisiert Menzius, 372–289 v. Chr.), der
streitbare Vorkämpfer des Konfuzianismus, fügte dem
Jen das *I*, die *»Rechtlichkeit«*, hinzu und ergänzte die
beiden Tugenden durch *Klugheit*, *Sittlichkeit* und *Mu-*

---

12 Den besten Eindruck von ihr vermittelt J. J. L. Duyvendak, *The
Book of Lord Shang*, London 1928.

sik (4 A,27). Das *Künstlich-Gute* schließlich bildet den Kardinalbegriff des ebenfalls konfuzianischen Philosophen Sün-dsĕ (um 310–230 v. Chr.), für welchen das Gute nur als Ergebnis von Erziehung und Kultur denkbar ist. Somit kennen wir die Terminologie, gegen die sich die Kapitel 18, 19 und 38 des *Tao-Tê-King* wenden; und ein Satz wie »Die fünf Töne machen das Ohr der Menschen dumpf« (Kap. 12) wird uns verständlicher. Nicht zuletzt aus dieser eindeutig bezeichneten Zielrichtung ergibt sich die relativ späte Datierung der Schrift. Ihre strikte Verneinung der Menschenfreundlichkeit mag verwundern, da sie Güte (Kap. 49, § 113) und Barmherzigkeit (Kap. 67, § 162 f.) so hoch veranschlagt. Wir dürfen vermuten, daß zur Zeit ihrer Abfassung der Begriff des *Jen* bereits zum Schlagwort abgesunken war. Darüber hinaus haftete der »Menschlichkeit« als einer Haupttugend des familien- und standesbewußten Konfuzianertums ein Beigeschmack der Exklusivität an. Nie verließ der Konfuzianer die Schranken seiner Sippe, seines Landesherren: *tsin tsin*, »Zunächst die Nächsten!«, diese Losung bestimmte sein Denken und Handeln;[13] ja, Mong-dsĕ konnte das Überschreiten jener Grenzen als eine Hinwendung zum Tierischen geißeln (3 B,9). Als Replik auf eine solche Haltung sind die Schlußverse des 79. Kapitels im *Tao-Tê-King* zu verstehen:

> *Des Himmels Weg ist ohne Günstlingsgeist (tsin),*
> *Gibt ewig dem, der sich als gut erweist.*

Nicht zufällig beginnen die von seinen Schülern und Enkelschülern im *Lun-yü* gesammelten Aussprüche des

---

13 Bezeichnend im *Dschung-yung* (*»Maß und Mitte«*), einem der kanonischen Bücher des Konfuzianismus: *»Die sogenannte ›Menschenfreundlichkeit‹ bedeutet Menschentum; zunächst die Nächsten lieben ist dabei das Größte. Die sogenannte ›Rechtlichkeit‹ bedeutet rechtes Betragen; die Trefflichen ehren ist dabei das Größte.«*

Konfuzius mit dem Wort »*Lernen*«. Die epochale Bedeutung Meister Kungs nämlich ist darin begründet, daß er mit seinen »*Frühlings- und Herbstannalen*« *(Tschun-tsiu)* das geschriebene Wort dem sakral-archivarischen Dunkel entriß und das Lesen der alten Urkunden und Lieder dem Stand der Gebildeten eröffnet hatte, mit dem Zweck, den alles Studium der Geschichte wie der Dichtung verfolgt: um daraus zu lernen.

Für den Taoisten dagegen liegt im Lernen eine Gefährdung natürlicher Unschuld und mystischer Seligkeit. Sein Goldenes Zeitalter kennt weder die handsame Schrift (Kap. 80, Z. 10) noch das Studieren (Kap. 20, § 47; Kap. 48, § 111). Man hat gehöhnt, daß Lau-dse fünftausend Worte für seine Lehre des Nicht-Redens gebraucht habe – ein Vorwurf, der gegen jede schriftliche Bewahrung mystischen Geheimnisses erhoben wird. Mit seiner Ächtung von Klugheit und Aufklärung, besonders wenn auf den Bereich der Staatsführung übertragen, wo sie besagt, daß das Volk in glücklicher Unwissenheit zu halten sei (Kap. 65), gerät das *Tao-Tê-King* in gefährliche Nähe zu der ihm wesensfremden Theorie des Legalismus, nach welcher die Bildungsferne des Volkes freilich zur Hebung der Arbeits- und Wehrwilligkeit dient. In einer widersinnigen Verquickung finden sich denn etliche Gedanken Lau-dses, nicht nur die zynisch erscheinenden, im Schrifttum des Legalismus kommentiert und ausgeführt, so bei Han Fe-dse (gest. 223 v. Chr.) im 6. und 7. Buch des gleichnamigen Werkes; und umgekehrt sind Quellen des Legalismus im späteren Kanon des Taoismus aufgenommen worden.

Die Unmittelbarkeit, mit der im *Tao-Tê-King* Mystik, Lebensweisheit und politische Doktrin nebeneinandergestellt und ineinander verwoben sind, kam einer vielschichtigen Auslegung entgegen. In den ersten nachchristlichen Jahrhunderten verzweigte sich der Taoismus: zur esoterischen Weltanschauung eines Kreises feinsinniger Literaten einerseits und zum volkstümlichen, dem bäuerlichen Schamanismus nahen Zauberglauben andererseits. In seinem Machtkampf mit dem rivalisierenden Buddhismus wurde Lau-dse bald zum Gott erhoben und seine Lehre zur Religion mit eigenem Papst und Klerus, mit Klöstern, Sekten, Mysterien und einem ins Märchenhafte wuchernden Götterhimmel. So verwundert es nicht, daß auch dem *Tao-Tê-King* die mannigfachste Mißdeutung zuteil wurde bis hin zu seiner Verwendung als Mittel magischer Künste.

Seine politische Wirkung ist schwer abzuschätzen. Dem Einfluß der Tao-Lehre wird etwa die glückliche Regierung des Han-Kaisers Wen-di (reg. 179–157 v. Chr.) zugeschrieben. Seine Mutter »liebte die Worte Lau-dses und war den konfuzianischen Künsten nicht gewogen«.[14] Ihrem Sohn gelang es, durch Nachgiebigkeit seinen Ratgebern und Generalen sowie dem gefährlichen Hunnen-Khan des Nordens gegenüber, durch sparsames Wirtschaften und persönliche Bescheidenheit das Han-Reich zu sichern und wohlhabend zu machen. Andererseits wurde nicht zuletzt der Konzeption des *Ohne-Tun*, wie sie während der Blütezeit des Neo-Taoismus im 3. und 4. Jahrhundert n. Chr., besonders durch den Reichskanzler Wang Yän gepflogen wurde, die Schuld am schwarzen Jahr 311 zugesprochen, als das chinesische Stammland in die Hand der Hunnen fiel und eine Spaltung des Reiches für mehrere Jahrhunderte begann.[15] Schwerlich aber vermögen wir auszumachen, in welchem Grade Lau-dses Forderung, die Dinge nicht weit zu treiben – gleich, ob bewußt oder unbewußt erfüllt –, das Reich der Mitte vor Katastrophen bewahrt und ihm verholfen hat, als einziges

14 *Schĕ-gi*, Buch 121.
15 Vgl. A. F. Wright: *Buddhism in Chinese History*, Stanford 1959, S. 43 f.

Staatswesen, als einzige Kultur der Antike zu überdauern.

Offiziell freilich ist das *Tao-Tê-King* nur selten, und dann nur vorübergehend, anerkannt worden. Im Jahre 719 dekretierte Kaiser Ming-huang das Buch, das »nun in allen Familien ist«, zum gleichberechtigten Prüfungsgegenstand neben den konfuzianischen Klassikern bei den Staatsexamen.[16] Mehrfach wird sein Text in Steinstelen eingemeißelt. Lau-dsĕ wird zum »Kaiser des Mystischen Urgrundes« ernannt, und in den beiden Hauptstädten des Reiches und in den Präfekturstädten werden Tempel zu seinen Ehren errichtet. Li Tai-bo, Chinas berühmter Dichter, erwirbt um 745 nach eingehendem Studium des *Tao-Tê-King* im Lau-dsĕ-Tempel von Dsidschou ein entsprechendes Diplom.[17] Wir würden zu kurz schließen, wollten wir diesen Kult allein mit der tragischen Abhängigkeit eines geistergläubigen Herrschers von seinen Hofmagiern erklären. Die lange Regierungszeit des »Sonnenkönigs« Ming-huang, an dessen Musenhof sich die bedeutendsten Dichter und Maler versammeln, ist immerhin zum Inbegriff höchster chinesischer Kultur, nicht nur der Tang-Zeit, geworden und wirkte bis nach Japan hin als maßgebendes Vorbild. Mit dem Taoismus, so dürfen wir schließen, förderte der Kaiser eine Gesinnung, die, dem chinesischen Genius zutiefst eingeboren, seine Phantasie zu reicher Kunst beflügelt.

Inwieweit der Schöpfer des *Tao-Tê-King* als Verfasser und inwieweit als Kompilator anzusprechen ist, entzieht sich für immer unserer Kenntnis. Die modernen Maßstäbe geistigen Eigentums lassen sich nicht auf ältere Literatur und schon gar nicht auf die chinesische der

16 Siehe R. des Rotours, *Le Traité des Examens,* Paris 1932, S. 173 f.
17 Siehe A. Waley, *The Poetry and Career of Li Po,* London 1950, S. 30.

vorchristlichen Zeit anwenden. Wahrscheinlich ist, daß Lau-dsĕ die Spruchweisheit vorgängiger Tao-Meister benutzt; manch urtümliche Stelle (wie Kap. 6) oder liedhaft durchkomponierte Stücke (wie Kap. 28, § 64) deuten darauf hin. Ausgiebig werden auch Volksweisheiten verwendet. Möglich, daß viele jener Sentenzen, die mit einem »*Wahrlich*« eingeleitet sind, Zitate darstellen. Bewundernswert bleibt dabei die Kunst, mit welcher einfache Sprichwörter durch einen Ergänzungsvers (z. B. Kap. 54, § 124) oder allein durch ihre Betonung in die mystische Sphäre entrückt und dem Lehrgebäude Lau-dsĕs eingefügt werden. Schopenhauers Forderung, mit gewöhnlichen Worten ungewöhnliche Dinge zu sagen, hier ist sie zum Äußersten getrieben.

Daß im *Tao-Tê-King* gereimte Passagen eingestreut sind, war schon immer bekannt, und Victor v. Strauß in der ersten deutschen (1870) und James Legge in seiner englischen Übersetzung (1891) versuchten, die Reime, soweit sie damals erkennbar waren, nachzuvollziehen. In welchem Grade das Werk aber Dichtung ist, wenn auch volkstümliche, blieb weitgehend verborgen. Denn während die in Begriffsschrift notierten Wortzeichen ihre Gestalt beibehielten, hatte sich im Lauf der Jahrhunderte die Aussprache geändert, und anfänglich reimende Worte waren größtenteils nicht mehr als solche erkennbar. Erst durch die geniale Lautrekonstruktion des alten und archaischen Chinesisch durch Bernhard Karlgren, insonderheit durch seine Veröffentlichung der poetischen Teile des *Tao-Tê-King* (1932), ist offenbar geworden, daß etwa drei Viertel des Textes gereimt sind.

Das Schema schwankt beträchtlich. Anordnungen in der Form *aa bb cc* usw. wechseln mit dem verschränkten Reim *ab ab* usw. Die schon in jener Zeit fortgeschrittene Lautarmut der einsilbigen chinesischen Sprache begünstigte das Reimen, so daß der Monoreim (*aaaa* usw.)

häufig, wenn auch nicht immer ohne Not, durchgeführt ist. Daneben gibt es zuweilen den Binnen- und den »reichen« Reim (vgl. § 117). Wie Karlgren hervorhebt, wird der Reim nachlässiger gehandhabt, als es in der hohen Dichtung, etwa im *»Buch der Lieder«* (um 1000 – 600 v. Chr.) oder in den *»Elegien von Tschu«* (um 300 v. Chr.), der Fall ist. Zum Vergleich können unsere Gesangbuchverse und Sprichwörter dienen (»Trautes Heim, Glück allein«). Dagegen ist der tonale Gleichklang – ein Wort mit ›ebenem‹ Ton soll nur auf ein ›ebenes‹, ein ›flektierendes‹ nur auf ein ›flektierendes‹ reimen – bemerkenswert streng durchgehalten. Freier als in der Kunstdichtung sind des weiteren die Verslängen des *Tao-Tê-King*, das neben dem Standardvers von vier Worten auch solche mit zwei, drei, fünf und mehr Worten, zum Teil vermischt, aufweist. Ungereimte Sentenzen lösen in lockerem Wechsel die Verse ab; einige der 81 Kapitel sind ganz in Prosa gehalten.

Der Erhaltungszustand des Werkes ist kein guter. Zum Teil ist er desolat. Oft genug muß der Philologe zwischen mehreren gleichberechtigten Lesarten wählen; oft genug muß er sich einer Kommentatoren-Auslegung anvertrauen. Mißdeutungen älterer Schriftzeichen, Auslassungen, irrtümliche Aufnahme von Glossen in den Text (vgl. Kap. 31 und § 52) und andere Fehler verunklären das Werk. So mancher geheimnisvolle Satz beruht auf der Nachlässigkeit abschreibender Generationen. Begünstigend wirkt hier der Umstand, daß ein chinesisches Literaturwerk ›behalten‹ werden kann, ohne letztlich verstanden zu sein. Die mangelnde Scheidungsmöglichkeit der Sprache zwischen Hauptwort und Tätigkeitswort, Hauptsatz und Nebensatz, Aussage und Hypothese, Einzahl und Mehrzahl, zwischen dem Handelnden und der Handlung; die mangelnde Kennzeichnung der Zeitstufen und Aspekte, der persönlichen Fürwörter, der direkten Rede bzw. der Zitate, das Fehlen der Satzzeichen überhaupt – all dies erschwert das Verständnis chinesischer Schriften und im besonderen des *Tao-Tê-King*, das zwar nicht betont dunkel – auch dies eine Fabel –, aber betont kurz sein will. So differieren selbst die Übersetzungen der Fachleute zum Teil erheblich, von jenen wohlmeinenden Nachschöpfungen ganz abgesehen, die, ohne Sprachkenntnis geschaffen, dem Gedankengut des ›Übersetzers‹ nur allzu weiten Spielraum lassen. Dennoch erweist sich auch an Lau-dses Worten, was für alle heiligen Schriften gilt: Die relevanten Stellen sind erfreulich klar, und an der Botschaft ändert auch peinlichste Textkritik kaum etwas.

Der heikelste Punkt am heutigen Zustand des *Tao-Tê-King* ist die Reihenfolge der einzelnen Stücke. Die chinesischen Bücher des Altertums waren vor Aufkommen des Papiers während der Han-Zeit auf Holz- und Bambusstreifen geschrieben. Brachen die Schnüre, an denen die Streifen aufgereiht waren, so zerfiel das Werk in einzelne Sätze. Bei der Instandsetzung mag so mancher Fehler unterlaufen sein, im *Tao-Tê-King* um so leichter, als es weitgehend aphoristisch konzipiert ist. Besonderer Tort wurde dem Text angetan, als er unter oder kurz nach der Han-Dynastie (206 v. – 220 n. Chr.) aus Gründen der Zahlenmystik in 81 (= $3 \times 3 \times 3 \times 3$) Kapitel eingeteilt wurde.[18] Mancher Zusammenhang mag dabei künstlich hergestellt und auch mancher zerstört worden sein. Zuweilen scheint ein gleicher Reim,[19] zuweilen ein gleicher Ausdruck zur Zusammenfügung von Einzelstücken verführt zu haben.[20] Manch ein gedanklicher

18 Siehe J. J. L. Duyvendak, *Tao Tê Ching*, S. 4.
19 Z. B. in § 42; bei §§ 75 und 76; oder §§ 140 und 141.
20 So bei §§ 13 und 14 durch die Worte »*Himmel und Erde*«; bei §§ 19 und 20 durch das Wort »*gut*«; bei §§ 34 und 35 durch das Wort »*Strudel*«; bei §§ 29 und 30 durch die Worte »*Dein*« (bzw. »*Dir*«) und »*Leib*«; bei §§ 165 und 166 durch die Worte »*ohne Feind*« usw.

Widerspruch ließe sich mit nachträglichen Einschüben erklären.[21]

Auf der anderen Seite scheint es, als ob einige Sprüche des Lau-dsë verlorengegangen wären. So heißt es im *Liä-dsë*, der dritten Quelle des Taoismus (7.19): »*Laudan sprach: Namen sind Gäste der Wirklichkeit.*« Han Fe-dsë kommentiert in seinen oben erwähnten »*Erläuterungen zu Lau-dsë*« folgenden Spruch, der vom *Wege* sagt:

> *Wer ihn erlangt, kann durch ihn sterben;*
> *Wer ihn erlangt, der geht ins Leben ein.*
> *Wer ihn erlangt, der kann durch ihn verderben;*
> *Wer ihn erlangt, durch ihn vollkommen sein.*

Hi Kang (223–262 n. Chr.), neo-taoistischer Dichter, einer der »Sieben Trefflichen vom Bambushain«, führt in seiner »*Antwort auf Hiang Dsë-kis Kritik an seinem Essay vom Nähren des Lebens*« die folgenden Verse Lau-dsës an:

> *Kein Glück so groß*
> *Wie: sorglos bleiben;*
> *Kein Reichtum groß*
> *Wie: sich bescheiden.*

Und im *Li-huo-lun*, dem buddhistischen »*Essay vom Lösen der Zweifel*« des Mou-dsë (umstrittenen Datums), wird folgender Reimspruch des Lau-dsë zitiert:

> *Ruhm ist deines Leibes Not,*
> *Gewinn ist deines Wandels Kot.*

Die genannten Zitate finden sich nicht (mehr?) im *Tao-Tê-King*, könnten ihm indessen nach Inhalt und Diktion zugehört haben.[22]

---

21 Etwa zwischen Kap. 5, Anfang, und Kap. 79, Schluß.
22 Sie sind neben vier weiteren Beispielen von Ma Sü-lun in seinem *Lau-dsë giau-gu*, S. 201 f., zusammengestellt.

Ein halbes Jahrtausend nämlich liegt zwischen der Abfassung des Werkes und seiner ältesten (wiederum in wesentlich späteren Abschriften) überlieferten Textversion. Sie stammt aus der Hand des jungverstorbenen Gelehrten Wang Bi (226–249 n. Chr.) und trägt den Titel *Lau-dsĕ-dschu*, »Kommentar zu *Lau-dsĕ*«. Von großem Nutzen sind daneben die »Phonetischen Glosen zu *Lau-dsĕ*« (*Lau-dsĕ yin-i*) des Lu Dö-ming (564 bis 635 n. Chr.). Der älteste wirklich erhaltene Text ist der einer im Jahre 708 n. Chr. errichteten Steinstele des Klosters Lung-hing von I-dschou (Provinz Ho-be). Im ganzen gibt es über dreihundert Textversionen des *Tao-Tê-King*, die meist unerheblich, zuweilen gravierender voneinander abweichen. Eine Einteilung in 68 Kapitel unter Wahrung der Textfolge versuchten Wu Tschong (1280–1367) und We Yüan (1794–1856). Einige moderne Editoren und Übersetzer entschlossen sich, den Text umzustellen. Einen drastischen Anfang machte Ma Sü-lun (1924); es folgten in gemäßigter Form Tschu Da-gau (1937) und J. J. L. Duyvendak (1943). Eine völlige Zerlegung und Neuzusammenfügung in 14 Kapiteln und 180 Sektionen unternahm in neuester Zeit Yang Gia-lo.[23]

Die vorliegende Übersetzung hält sich an den Text des Wang Bi als einer jener geheiligten Unvollkommenheiten, mit denen wir uns wohl abzufinden haben. Ihn aufzugeben dürfte nicht eher erlaubt sein, als die Textkritik zu weniger widersprüchlichen Ergebnissen gelangt. Denn jeder verbesserte Text erweckt den Eindruck, als sei er dem Archetyp nähergekommen, ohne mehr beweisen zu können, als daß er verständlicher geworden ist. Das aber darf nicht als einziges Kriterium gelten. Einen Spruch etwa darum in einem Kapitel zu eliminieren, weil er in einem anderen vorkommt, in das

23 Vgl. S. 113 f.

er sich besser fügt, wäre nur dann unbedenklich, wenn
wir sicher sein könnten, daß die Urschrift des Lau-dse
zusammenhängend und widerspruchsfrei war. So sind
im folgenden nur bei größter Unglaubwürdigkeit Klam
mern gesetzt worden, und im übrigen sei der Leser an
gehalten, den einzelnen Kapiteln als logischen Einhei
ten kritisch gegenüberzutreten (wofern er die Lehrmei
nung des Verfassers, nicht die der späteren Exegese
betrachten will). Als Erleichterung dessen und der Ver
ständigung dienen die Paragraphenziffern links vom
Text. Sie wollen und können kein letztes Wort zur Ein
teilung sein. Zitate sind nur in sparsamster Weise ge
kennzeichnet. Zu gering ist die Schlüssigkeit, einen Satz
als Zitat zu erkennen.

Nicht mehr als rund 800 verschiedene Worte gebraucht
Lau-dse für seinen Traktat,[24] welcher in der Wang-Bi-
Fassung insgesamt 5280 Worte zählt. Berücksichtigt
man, daß etliche davon nur einmal vorkommen, so wird
klar, mit wie wenigen Begriffen der Verfasser operiert
Diese Schlichtheit des Ausdrucks und Reinheit des Ge
dankens gilt es in der Übersetzung zu wahren. Einen
chinesischen Terminus mit nur einem deutschen wieder
zugeben sollte zumindest angestrebt werden. Unmög
lich leider, das raffiniert Lapidare nachzuahmen, das
dem Original so viel Reiz verleiht. Der Zentralbegriff
Tao wird wörtlich – wenn auch unter schmerzlichem
Verzicht auf den dunklen *au*-Laut – als *Weg* wiederge
geben. Denn trotz seiner mystischen Ausweitung ist oft
genug auf die Grundbedeutung angespielt (vgl. § 122)
Tê wurde mit *Tugend* übersetzt, nachdem der Begriff
bei Lau-dse schon vorwiegend moralisch zu verstehen
ist.

Ein entscheidendes Problem, vor das der Übersetzer sich
gestellt sieht, ist das der Form. Einerseits verpflichtet,

24 Vgl. H. Franke, *Sinologie*, Bern 1953, S. 60.

en Gehalt der philosophischen Schrift so treu wie möglich zu transponieren, muß er andererseits ihrer künstlerischen Gestalt gerecht werden. Das eine Extrem, die Prosa-Übersetzung, wäre nicht weniger unbefriedigend wie die jeder anderen Dichtung ohne Nachvollzug der ursprünglichen Form. Das entgegengesetzte Extrem einer Wahrung von Metrum und Reimschema verbietet sich angesichts der Reimhäufung im Chinesischen; eine solche Übertragung würde vom Sinn des Urtextes empfindlich abweichen. Der Übersetzer wird einen mittleren Weg beschreiten müssen, indem er Reim und Rhythmus nur so weit nachahmt, wie das die deutsche Sprache bei Wahrung der philologischen Sauberkeit zuläßt. Auch dann noch dürfte der mosaikhafte Charakter des *Tao-Tê-King* sichtbar werden. Im folgenden wird zum erstenmal ein solcher Versuch unternommen. Die glücklichste Lösung, nämlich das Reimschema zu retten, gelang in den Kapiteln 5, 7, 11, 13, 17, 18, 23, 34, 35, 43, 45, 47, 54, 60, 66, 70, 72, 79 sowie in den §§ 1, 3, 6, 28, 38, 46, 47, 83, 84, 95, 103, 135, 136, 144, 152, 183, 188. In anderen Kapiteln wurde der Reim dem Original angenähert oder auch ganz fallengelassen. Ungereimt im Original sind die Kapitel 31, 42, 48, 49, 50, 61, 74, 75.

Dem Übersetzer verbleibt die Pflicht, den ungezählten Gelehrten zu danken, auf deren Fleiß er aufbauen konnte, insonderheit aber den Professoren Bernhard Karlgren (Stockholm), J. J. L. Duyvendak (Leiden, gest. 1954) und Dr. Arthur Waley (London). Es steht zu hoffen, daß diese neue Verdeutschung etwas von der Eindringlichkeit erhalten konnte, durch die das *Buch vom Weg und von der Tugend* zur heiligsten Quelle der chinesischen Mystik wurde. Die Dinge weit zu treiben war von je die Haltung des Abendlandes. Darin liegt seine Größe. Die Botschaft des *Tao-Tê-King* heißt: Dauer.

ERSTES BUCH

KAPITEL 1

1 Könnten wir weisen den *Weg*,
Es wäre kein ewiger Weg.
Könnten wir nennen den Namen,
Es wäre kein ewiger Name.

2 Was ohne Namen,
Ist Anfang von Himmel und Erde;
Was Namen hat,
Ist Mutter den zehntausend Wesen.

3 Wahrlich:
Wer ewig ohne Begehren,
Wird das Geheimste schaun;
Wer ewig hat Begehren,
Erblickt nur seinen Saum.

4 Diese beiden sind eins und gleich.
Hervorgetreten, sind ihre Namen verschieden.
Ihre Vereinung nennen wir mystisch.
Mystisch und abermals mystisch:
Die Pforte zu jedwedem Geheimnis.

KAPITEL 2

5 Erst seit auf Erden
Ein jeder weiß von der Schönheit des Schönen,
Gibt es die Häßlichkeit;
Erst seit ein jeder weiß von der Güte des Guten,
Gibt es das Ungute.

6 Wahrlich:
Sein und Nichtsein entspringen einander;
Schwer und Leicht bedingen einander;
Lang und Kurz vermessen einander;
Hoch und Tief erzwingen einander.
Die Stimme fügt sich dem Ton im Chor;
Und ein Danach folgt dem Zuvor.

7 Deshalb der Heilige Mensch:
Er weilt beim Geschäft des Ohne-Tun,
Er lebt die Lehre des Nicht-Redens.
Die zehntausend Wesen werden geschaffen von ihm,
Doch er entzieht sich ihnen nicht.
Er zeugt, aber besitzt nicht;
Er tut, aber baut nicht darauf.
Ist das Werk vollendet, verweilt er nicht dabei.

8 Wohl! Nur dadurch, daß er nicht verweilt,
Ist nichts, das ihm entginge.

KAPITEL 3

9 Wer nicht die Tüchtigen ehrt,
Bewirkt, daß das Volk sich nicht streitet.
Wer nicht die Güter schätzt, die schwer zu erlangen,
Bewirkt, daß das Volk nicht zu Räubern wird.
Wer nicht vorzeigt, was man begehren kann,
Bewirkt, daß des Volkes Sinn nicht aufsässig wird.

10 Deshalb des Heiligen Menschen Regierung:
Er leert ihren Sinn
Und füllt ihren Bauch;
Er schwächt ihren Willen
Und stärkt ihre Knochen.
Ewig läßt er das Volk
Ohne Wissen, ohne Begehren
Und wirkt, daß die Klugen
Nicht wagen zu tun.

11 Tut er das Ohne-Tun,
Ist nichts, das nicht regiert würde.

KAPITEL 4

12 Der *Weg* ist raumleer,
Daß im Gebrauch er niemals gefüllt wird.
Abgründig ist er, ach!
Dem Ahnherrn der zehntausend Wesen gleich.

130 (Er schabt ab seine Schärfen,
Löst auf seine Wirren,
Beschwichtigt sein Glänzen,
Vereint seinen Staub.)

12 Tiefgründig ist er, ach!
Und gleichsam ewig gegenwärtig.
Ich weiß nicht, wessen Sohn er ist –
Ein Bild von dem, das vor den Göttern war.

KAPITEL 5

13 Himmel und Erde sind nicht menschenfreundlich;
   Sie nehmen die zehntausend Wesen für Strohhunde.
   Der Heilige Mensch ist nicht menschenfreundlich;
   Er nimmt die hundert Geschlechter für Strohhunde.

14 Himmel und Erde, wie gleicht
   Ihr Zwischenraum einem Blasebalg!
   Er fällt nicht ein, ob noch so leer;
   Je mehr bewegt, gibt aus er um so mehr.

15 Viele Worte – manch Verlust.
   Am besten, man bewahrt sie in der Brust!

KAPITEL 6

16 Unsterblich ist die Fee des Tals:
So heißt es von der Mystischen Weibheit.
Der Mystischen Weibheit Pforte:
So heißt man die Wurzel von Himmel und Erde.
Endlos wallend, gleichsam gegenwärtig,
Also wirkt sie sonder Beschwerde.

KAPITEL 7

17 Der Himmel währt ewig, und die Erde dauert.
Was aber macht, daß Himmel und Erde vermögen
Zu währen, zu dauern?
Weil sie nicht sich selber leben,
Darum vermögen sie, ewig zu leben.

18 Deshalb der Heilige Mensch:
Er setzt zurück sein Selbst –
Und es wird vorne sein;
Er treibt hinaus sein Selbst –
Und sein Selbst tritt ein.

Ist das nicht, weil er ohne Eigennutz?
Darum vermag er, sein Eigen zu vollenden.

KAPITEL 8

19 Das höchste Gute gleicht dem Wasser.
Des Wassers Gutsein: Es nützt den zehntausend
Wesen,
Aber macht ihnen nichts streitig;
Es weilt an Orten,
Die die Menge der Menschen verabscheut.
Darum ist es nahe dem *Weg.*

20 Gut ist beim Wohnen: der Grund.
Gut ist beim Sinnen: die Tiefe.
Gut ist beim Geben: die Menschlichkeit.
Gut ist beim Reden: die Treulichkeit.
Gut ist beim Herrschen: die Ordnung.
Gut ist beim Schaffen: die Fähigkeit.
Gut beim Sich-Regen: die rechte Zeit.

21 Wohl! Nur, wer sich nicht streitet,
Ist gegen Schmähung gefeit.

KAPITEL 9

22 [Den Becher] halten und füllen zugleich –
Besser, du ließest es sein!
[Die Klinge] betasten und schärfen zugleich –
Das dauert nicht lange!
Voll Erz und Juwelen die Halle –
Niemand kann sie bewahren.

Stolz auf Reichtum und Ehre
Schafft selber sich Unheil.
Sein Werk vollbringen
Und sich zurückziehn:
Also des Himmels *Weg*.

KAPITEL 10

23 Zügelnd den Leibgeist, umfangend das Eine,
Kannst ohne Fehl du sein.
Versammelnd den Atem, gelangend zur Weichheit,
So kannst ein Kind du sein.

Reinigend, läuternd den mystischen Blick,
Kannst ohne Mal du bleiben.
Schonend das Volk dein Land regierend,
Kannst ohne Tun du bleiben.

Die himmlischen Pforten geöffnet, geschlossen,
Kannst du zum Weibchen werden.
Erleuchtend die vier Enden der Welt,
Kannst unerkannt du sein auf Erden.

24 Erzeuge das, hege das!

118 Erzeugen, doch nicht besitzen;
Tun, doch nicht drauf baun;
Leiten, doch nicht beherrschen –
Dies nennt man Mystische Tugend.

KAPITEL 11

25 Der Speichen dreimal zehn
Auf einer Nabe stehn.
Eben dort, wo sie nicht sind,
Ist des Wagens Brauchbarkeit.

Man knetet Ton zurecht
Zum Trinkgerät:
Eben dort, wo keiner ist,
Ist des Gerätes Brauchbarkeit.

Man meißelt Tür und Fenster aus
Zur Wohnung.
Eben dort, wo nichts ist,
Ist der Wohnung Brauchbarkeit.

Wahrlich:
Erkennst du das Da-Sein als einen Gewinn,
Erkenne: Das Nicht-Sein macht brauchbar.

KAPITEL 12

26 Die Fünf Farben
Machen das Auge der Menschen blind;
Die Fünf Töne
Machen das Ohr der Menschen dumpf;
Die Fünf Geschmäcke
Machen den Mund der Menschen stumpf.
Wagenrennen und Jagden
Machen den Sinn der Menschen toll;
Schwer erlangbares Gut
Macht ihren Wandel bürdevoll.

27 Deshalb, der Heilige Mensch
Tut für den Bauch,
Nicht für das Aug.

28 Wahrlich:
Von jenem laß! Dieses erfaß!

KAPITEL 13

29 »Gunst und Schande sind gleichsam ein Stachel.
Ehrung ist ein großes Leiden wie Dein Leib.«

Was heißt:
»Gunst und Schande sind gleichsam ein Stachel?«
Gunst ist etwas [Hohes, Schande etwas] Niedriges.
Sie zu erlangen, ist gleichsam ein Stachel;
Sie zu verlieren, ist gleichsam ein Stachel.
Das heißt:
»Gunst und Schande sind gleichsam ein Stachel.«
Was heißt:
»Ehrung ist ein großes Leiden wie Dein Leib?«
Daß Wir große Leiden haben,
Ist, weil Wir einen Leib haben.
Wären Wir ohne Leib,
Was hätten Wir für Leid?

30 Wahrlich:
Ehre wie den Leib so das Reich,
Und das Reich kann Dir anvertraut werden.
Schone wie den Leib so das Reich,
Und das Reich kann Dir überantwortet werden.

KAPITEL 14

31 Was du nicht siehst, so sehr du danach schaust,
Des Name ist: plan.
Was du nicht hörst, so sehr du danach lauschest,
Des Name ist: heimlich.
Was du nicht fängst, so sehr du danach greifst,
Des Name ist: subtil.
Diese drei kannst du nicht weiter erkunden;
Wahrlich, chaotisch sind sie zum Einen verbunden.
Sein Oben ist nicht hell,
Sein Unten ist nicht dunkel.
Unendlich ist es, nicht kann es benannt werden;
Zum Wesenlosen hat es heimgefunden.
Dies ist es, was man heißt:
Die Gestalt des Gestaltlosen,
Das Bild des Wesenlosen;
Dies ist es, was man heißt:
Brauendes Ur-Glosen.
Wer ihm sich naht, kann keinen Kopf erblicken;
Und wer ihm folgt, erblickt nicht seinen Rücken.

32 Halte fest am *Weg* des Altertums,
Und du lenkst das Sein der Gegenwart!
Zu wissen um des Altertums Beginn,
Das nennen wir des *Weges* leitenden Sinn.

KAPITEL 15

33 Wer im Altertum gut war als Meister,
War subtil, geheimnisvoll, mystisch, durchdringend;
So tief, daß er uns unbegreiflich bleibt.
Wohl! Und weil er unbegreiflich bleibt,
Will ich lieber dartun sein Gebaren:

34 So zögernd, ach!
Wie wenn man winters quert einen Strom;
So ängstlich, ach!
Wie wenn man fürchtet die Nachbarn rings;
Verhalten, ach!
Als wäre zu Gast man geladen;
Nachgiebig, ach!
Wie vor der Schmelze das Eis;
Gediegen, ach!
Gleich einem Grobholz;
Weit, ach!
Gleich einem Flußtal;
Chaotisch, ach!
Gleich einem Strudel.

35 Wer kann den Strudel stillen,
Auf daß er mählich werde rein?
Wer kann das Ruhende bewegen,
Auf daß es mählich Leben gewinne?

36 Wer diesen *Weg* bewahrt,
Wünscht nicht, erfüllt zu sein.
Wohl! Nur was unerfüllt,
Kann auch verschleißen ohne Erneuen.

KAPITEL 16

37 Erreichend den First des Leeren,
Bewahrend die Stille, die Stete –
Zusammen wirken die zehntausend Wesen:
So kann Ich betrachten ihr Wiederkehren.

38 Denn blühn die Wesen üppig-bunt,
Kehrt jedes heim zu seinem Wurzelgrund.

39 Heimkehren zum Wurzelgrund heißt: Stille finden.
Und dieses nennt man: sich zum Schicksal kehren.
Sich zum Schicksal kehren heißt: ewig sein.
Das Ewige kennen heißt: erleuchtet sein.

40 Wer nicht das Ewige kennt,
Schafft sinnlos Unheil;
Wer das Ewige kennt, ist duldsam.
Duldsam ist aber: unbefangen;
Unbefangen ist aber: allumfassend;
Allumfassend ist aber: himmlisch;
Himmlisch ist aber: der *Weg*;
Der mit dem *Weg* aber dauert.
Sinkt hin sein Leib, ist er ohne Gefahr.

KAPITEL 17

41 Von den Allerhöchsten
Wissen die Niederen nur: Es gibt sie.
Die Nächsthohen liebt man und preist man;
Die Nächsten fürchtet man;
Die Nächsten verweist man.

42 Wer nicht genug vertraut,
Dem ist man nicht treu.

Beim Ehren des Wortes, wie waren sie scheu!

War vollendet das Werk, vollbracht die Tat,
Meinten die hundert Geschlechter:
Wir schufen es frei.

KAPITEL 18

43 Wenn der Große *Weg* ist aufgegeben,
Gibt es »Menschlichkeit und Rechtlichkeit«.
Wenn Klugheit sich und Findigkeit erheben,
Ist auch das »Künstlich-Gute« nicht mehr weit.
Wenn die Sechs Blutsverwandten nicht in Einklang
leben,
Gibt es die »Kindes-Ehrerbietigkeit«.
Regiert das Herrscherhaus in Zwist und Wahn,
Gibt es den »Lauteren Untertan«.

KAPITEL 19

14 Brich ab die Heiligkeit, verwirf die Klugheit!
So wird dem Volke Nutzen hundertfältig.
Brich ab die Menschlichkeit, verwirf die
                                    Rechtlichkeit!
So kehrt das Volk zu Kindgehorsam, Elternliebe.
Brich ab Geschicklichkeit, verwirf den Nutzen!
So finden keine Räuber sich und Diebe.

15 Diese drei für Kultur zu nehmen, das reicht nicht
                                    aus.

16 Wahrlich:
Gib ein Gebot, das bindend verpflichte!
Betrachte das Blanke, faß an das Schlichte!
Mach klein dein Eigen und karg deine Süchte!

KAPITEL 20

47 Brich ab das Lernen, so bist du sorgenfrei!

Sind denn »Jawohl!« und »Recht gern!«
Wirklich einander so fern?
Sind denn das Gute, die Schlechtigkeit
Wirklich einander so weit?
»Wem andere Menschen sich beugen,
Dem mußt auch du dich beugen«:
Welch Öde doch! Und kein Ende noch!

48 Die Menschen alle sind ausgelassen,
Als säßen sie zechend beim Opferfest,
Als stiegen sie auf zu den Frühlingsterrassen.
Ich allein liege noch still,
Kein Zeichen hab ich gegeben,
Gleich einem kleinen Kinde,
Das noch nie gelacht hat im Leben;
Bin schwankend, bin wankend,
Als hätt ich die Heimat verloren.
Die Menge der Menschen hat Überfluß;
Nur Ich bin gleichsam von allem entblößt.
Wahrlich, Ich habe das Herz eines Toren,
So dunkel und wirr!
Die gewöhnlichen Menschen sind hell und klar;
Nur Ich bin trübe verhangen.
Die gewöhnlichen Menschen sind strebig-straff;
Nur Ich bin bang-befangen.
Ruhelos gleich ich dem Meere;
Verweht, ach, bin gleichsam ich ohne Halt.
Die Menschen machen sich nützlich all,
Nur Ich bin halsstarr, als ob ich ein Wildling wäre.
Nur Ich bin von den andern Menschen verschieden –
Der ich die nährende Mutter verehre.

KAPITEL 21

49 Der tiefsten Tugend Gebaren,
Es folgt allein dem *Wege*.
Der *Weg* als ein Wesen
Ist ein Brauen, ein Glosen.
O Glosen, o Brauen!
Darin sind die Bilder.
O Brauen, o Glosen!
Darin sind die Wesen.
O Dunkel, versunken!
Darin sind die Samen.
Die Samen sind Wahrheit;
Darin ist die Treulichkeit.
Von alters bis heute
Ward sein Name nicht aufgehoben,
Um damit den Vater von allen Dingen zu deuten.
Und woher kenn Ich das Walten
Des Vaters von allen Dingen?
Durch dieses.

KAPITEL 22

50 Was krumm ist, wird heil gemacht;
Was gebeugt ist, wird aufgerichtet;
Was hohl ist, wird ausgefüllt;
Was zerschlissen, wird neu gemacht.
Mit wenigem wirst du bekommen;
Mit vielem bist du beklommen.

51 Deshalb der Heilige Mensch:
Wenn er das Eine umfaßt,
Wird er zum Richtmaß dem Reich.
Weil er sich selbst nicht sieht,
Darum ist er erleuchtet;
Weil er sich selbst nicht recht gibt,
Darum ist er anerkannt;
Weil er sich selbst nicht aufspielt,
Darum hat er Verdienst;
Weil er sich selbst nicht rühmt,
Darum wird er erhöht.
Wohl! Eben weil er nicht streitet,
Darum vermag niemand im Reich,
Mit ihm zu streiten.

52 Wenn die Alten sagten:
»Was krumm ist, wird heil gemacht«,
So sind das keine leeren Worte gewesen!

Zum wahrhaft Heilen kehrt man sich hin.

KAPITEL 23

53 Rede selten nur –
So will es die Natur.

54 Wahrlich:
Ein Wirbelwind währt keinen Morgen;
Ein Regenguß währt keinen Tag.
Wer dieses macht, sind Himmel und Erde.
Wenn schon Himmel und Erde nicht vermögen,
Dauer zu geben,
Um wieviel weniger ist sie dem Menschen gegeben!

55 Wahrlich:
Wer dem *Wege* folgt in seinen Geschäften,
Wird eins mit dem *Wege*;
Wer tugendhaft, wird eins mit der Tugend;
Wer sie verliert, wird eins mit dem Verlust.

Wenn einer eins wird mit dem *Wege*,
Freut sich desgleichen der *Weg*,
Ihn zu gewinnen;
Wenn einer eins wird mit der Tugend,
Freut sich desgleichen die Tugend,
Ihn zu gewinnen;
Wenn einer eins wird mit dem Verlust,
Freut sich desgleichen der Verlust,
Ihn zu gewinnen.

42 (Wer nicht genug vertraut,
Dem ist man nicht treu.)

KAPITEL 24

56 Wer auf Zehen steht, der hält sich nicht;
Wer die Beine spreizt, der wandelt nicht.
Wer sich selber sieht, ist nicht erleuchtet;
Wer sich selber recht gibt, ist nicht anerkannt;
Wer sich selber aufspielt, hat kein Verdienst;
Wer sich selber rühmt, wird nicht erhöht.

57 Auf den *Weg* übertragen, heißt das:
Zu viel der Speisen und prunkender Wandel
Sind den Geschöpfen allzumal ein Überdruß.

Wahrlich:
Wer den *Weg* hat, weilt nicht dabei.

KAPITEL 25

58 Ein Wesen gibt es chaotischer Art,
Das noch vor Himmel und Erde ward,
So tonlos, so raumlos.
Unverändert, auf sich nur gestellt,
Ungefährdet wandelt es im Kreise.
Du kannst es ansehn als die Mutter der Welt.
Ich kenne seinen Namen nicht.
Ich sage *Weg*, damit es ein Beiwort erhält.

Und wenn ichs mit Mühe benennen soll,
Sag Ich: Das Große.
Großsein (*dad*) heißt: Sich Verlieren (*djad*);
Sich Verlieren heißt: Sich Entfernen;
Sich Entfernen heißt: Im Gegensinn gehn.

59 Wahrlich:
Groß ist der *Weg*, groß der Himmel,
Groß die Erde, groß der König!
Vier Große gibt es in den Grenzen des Alls.
Der Mensch ist einer von ihnen.

Der Mensch nimmt zum Gesetz die Erde;
Die Erde zum Gesetz den Himmel;
Der Himmel zum Gesetz den *Weg*;
Der *Weg* nimmt zum Gesetz das eigene Weben.

KAPITEL 26

60 Das Schwere ist des Leichten Wurzelgrund;
Das Stille ist des Ungestümen Herr.

Deshalb:
»Ein Herrensohn, reist er auch tagelang,
Trennt sich von seinem Fuhrwerk nie, dem schweren
Gibt es auch schimmernde Blicke rings,
Er bleibt am Platz, gelassen, unberührt.«

Wie dürfte dann ein Gebieter über zehntausend
Kampfwagen
Um seiner selbst willen leicht nehmen das Reich?
Nimmt er es leicht, verliert er den Wurzelgrund;
Und ist er ungestüm, verliert er die Herr-schaft.

KAPITEL 27

1 Ein guter Fahrer ist ohne Wagenspur;
Ein guter Redner ohne falschen Zungenschlag;
Ein guter Rechner braucht keinen Rechenstab.

Ein gut Verschlossenes hat weder Bolzen noch
                                          Riegel,
Dennoch kann es nicht geöffnet werden;
Ein gut Geknüpftes hat weder Schnur noch Schlinge,
Dennoch kann es nicht gelöst werden.

2 Deshalb der Heilige Mensch:
Ständig ist er gut, den Menschen zu helfen;
Darum gibt es keine verworfenen Menschen.
Ständig ist er gut, den Wesen zu helfen;
Darum gibt es keine verworfenen Wesen.
Dies nennt man die Doppelte Erleuchtung.

3 Wahrlich:
Ein guter Mensch ist des Bösen Lehrer;
Der böse Mensch ist des guten Kapital.
Wer nicht ehrt seinen Lehrer,
Wer nicht schont sein Kapital:
Er wäre noch so klug, er wäre höchst verblendet!
Dies nennt man das Wichtige Geheimnis.

KAPITEL 28

64 Erkennt eure Mannheit,
Bewahrt eure Weibheit!
So seid ihr dem Erdreich ein Quell.
Wer dem Erdreich ein Quell:
Ewige Tugend verläßt ihn nicht,
Heim kehrt er wieder zur Kindheit.

Erkennt eure Helle,
Bewahrt euer Dunkel!
So seid ihr dem Erdreich ein Maß.
Wer dem Erdreich ein Maß:
Ewige Tugend verfehlt ihn nicht,
Heim kehrt er zum Grenzenlosen.

Erkennt eure Würde,
Bewahrt eure Schande!
So seid ihr dem Erdreich ein Tal.
Wer dem Erdreich ein Tal:
Ewige Tugend hat der genug,
Heim kehrt er zum Groben und Schlichten.

65 Wenn man das Grobholz zerteilt,
Werden Geräte daraus.
Wenn der Heilige Mensch sie gebraucht,
Wird er zum Leiter der Amtsleute.
Wahrlich:
Ein groß Gefügtes ist ungefeilt.

KAPITEL 29

66 Wenn einer begehrt, das Reich zu nehmen,
Um an ihm zu tun –
Ich sehe voraus, daß er scheitert.
Denn das Reich ist ein Geist-Gerät:
Es darf an ihm nichts getan werden.
Wer ihm antut, zerstört es;
Wer es festhält, verliert es.

67 Wahrlich, die Wesen:
Bald gehn sie vor und folgen nach alsbald;
Nun ist ihr Atmen warm, nun ist ihr Keuchen kalt;
Nun sind sie stark und sind alsbald verkümmert;
Zermalmen bald und liegen bald zertrümmert.

68 Deshalb, der Heilige Mensch
Weist ab das Ungemeine,
Weist ab das Vermessene,
Weist ab das Grandiose.

KAPITEL 30

69 Wer nach dem *Wege* beisteht einem
                                                   Menschengebieter,
  Wird nicht mit Waffengewalt das Erdreich
                                                   niederschlagen:
  Leicht träte dann der Umschwung ein.
  Denn dort, wo Heere lagen,
  Können nur Dornen und Disteln gedeihn;
  Nach einer großen Schlacht
  Folgen Jahre der Plagen.

70 Ein guter [Feldherr] hat Erfolg,
  Aber läßt es dabei bewenden.
  Er wagt nicht, zu nehmen mit Gewalt.
  Er hat Erfolg, aber rühme sich dessen nicht;
  Er hat Erfolg, aber spiele sich nicht auf;
  Er hat Erfolg, aber sei nicht hochtrabend;
  Er hat Erfolg, aber nur, wenn er nicht umhin kann.
  Er hat Erfolg, aber sei nicht gewaltsam.

128 (Wird ein Wesen fest, so wird es alt.
  Dieses nennt man: Nicht dem *Weg* gemäß.
  Nicht dem *Weg* gemäß wird enden bald.)

KAPITEL 31

72 (Wohl! Eben weil die Waffen Geräte des Unheils
sind
Und die Wesen sie hassen,
Darum weilt, wer den *Weg* hat,
Nicht in ihrer Nähe.
Befindet sich der Edelmann daheim,
Hält er wert die Linke;
Gebraucht er die Waffen,
Hält er wert die Rechte.)

71 Waffen sind Geräte des Unheils,
Keine Geräte des Edelmanns.
Nur wenn er nicht umhin kann, gebraucht er sie.
Friedliche Milde ist sein Höchstes.
Siegt er, so findet ers nicht schön.
Denn wer es schön fände,
Der freute sich, andere Menschen zu töten.
Wer aber sich freut, andere Menschen zu töten,
Darf seinen Willen dem Reiche nicht aufprägen.

73 (Bei glücklichem Anlaß ist links der Ehrenplatz;
Bei traurigem Anlaß ist rechts der Ehrenplatz.
Der Nebenfeldherr steht auf der Linken,
Der Oberfeldherr steht auf der Rechten.
Dies will besagen: Er hält es wie beim
Leichenbegängnis.
Wenn Menschen getötet sind in Menge,
Beklagt man sie voll Trauer und Verzweiflung:
Wer in der Schlacht gesiegt hat,
Der halte es wie beim Leichenbegängnis.)

KAPITEL 32

74 Der *Weg* ist ewig, namenlos.

Die Schlichtheit [des Namenlosen],
So gering sie sei –
Das Erdreich wagt nicht, sie dienstbar zu machen.
Könnten die Fürsten und Könige dieses bewahren,
Kämen die zehntausend Wesen von selbst zu Gast;
Himmel und Erde würden sich vereinen,
Um süßen Tau hinabzusenden,
Und das Volk wäre einträchtig ohne Befehl.

75 Erst wenn verfügt wird, gibt es Namen.

Nachdem wir einmal mit Namen benennen,
Wohl! so müssen wir Einhalt kennen.
Wer Einhalt kennt, kann ungefährdet bleiben.

76 Wenn du vergleichen willst
Des *Weges* Dasein in der Welt:
Er gleicht dem Bach, dem Talfluß,
Die strom- und meerwärts treiben.

KAPITEL 33

77 Wer die Menschen kennt, der ist klug;
Wer sich selber kennt, ist erleuchtet.
Wer andere Menschen besiegt, hat Gewalt;
Wer sich selbst besiegt, der ist stark.

Wer Genügen kennt, der ist reich;
Wer vorgeht mit Gewalt, der hat Willen.
Wer seinen Platz nicht verliert, der dauert;
Wer stirbt, ohne zu vergehn, lebt immerdar.

KAPITEL 34

78 Der Große *Weg* ist überströmend so,
Daß er nach links und rechts sich wenden mag.
Die Wesen alle danken ihm ihr Leben,
Ohne daß er sich einem versagt.
Er wirkt, doch legt sein Werk nicht in Beschlag.

79 Er kleidet und ernährt alle Wesen,
Aber macht sich nicht zum Gebieter.
Weil ewig ohne Begehren,
Kann er durch Kleines benamt werden.
Weil alle Wesen ihm sich zuwenden,
Ohne daß er sich zum Gebieter macht,
Kann er durch Großes benamt werden.
Weil er niemals sich selbst für groß nimmt,
Darum kann er vollenden seine Größe.

KAPITEL 35

80 Hältst du das Große Bild in Händen,
Wird sich das Erdreich zu dir wenden.
Sich zu dir wenden und frei sein von Leid –
Friede, Gleichheit, All-Einigkeit!

81 Klang von Musik und Wohlgeruch der Speisen:
Die Fremden hält es, die vorüberreisen.
Doch was der *Weg* an Worten bietet dar,
Ist ohne Duft und Köstlichkeit dem Munde.
Wer es erblickt, den dünkt es unscheinbar;
Wer es vernimmt, nimmts nur mit Mühe wahr;
Wer es gebraucht, kommt aber nie zum Grunde.

KAPITEL 36

82 Was du willst zwängen,
Mußt vorher du längen.
Was du willst schwächen,
Mußt vorher du stark machen.
Wen du willst aufgeben,
Den mußt du hinaufheben.
Von wem du willst haben,
Den mußt du begaben.

83 Dies wird Subtile Erleuchtung genannt:
Das Weiche, Schwache besiegt
Des Harten und Starken Widerstand.

84 [Jedoch:]

Nie darf der Fisch
Hinauf aus seinem Grunde steigen.
Des Landes wirksamstes Gerät
Darf man den Menschen nicht zeigen.

KAPITEL 37

85 Der *Weg* ist ewig ohne Tun;
Aber nichts, das ungetan bliebe.

Könnten die Fürsten und Könige dieses bewahren,
Würden die zehntausend Wesen von selbst sich
entfalten.
Würden sie aber, entfaltet, zu handeln begehren:
Durch die Schlichtheit des Namenlosen
Müßten Wir ihnen dann wehren.
Die Schlichtheit des Namenlosen,
Wohl! sie führt zum Ohne-Begehren.
Nicht-Begehren wird in Stille münden,
Und das Reich wird selbst zur Ordnung finden.

ZWEITES BUCH

KAPITEL 38

86 Höchste Tugend weiß von der Tugend nicht;
   Daher gibt es die Tugend.
   Niedere Tugend läßt von der Tugend nicht;
   Daher mangelt die Tugend.

   Höchste Tugend ist ohne Tun;
   Ist auch ohne Grund, warum sie täte.
   Niedere Tugend tut,
   Hat auch einen Grund, warum sie tut.

   Höchste Menschlichkeit tut,
   Aber ohne Grund, warum sie tut.
   Höchste Rechtlichkeit tut,
   Doch *mit* einem Grund, warum sie tut.

   Höchste Sittsamkeit tut;
   Und wenn ihr niemand erwidert,
   Zwingt sie die andern mit aufgekrempelten Ärmeln.

87 Wahrlich:
   Wer den *Weg* verliert,
   Ist nachher tugendhaft.
   Wer die Tugend verliert,
   Ist nachher gerecht.
   Wer die Rechtlichkeit verliert,
   Ist nachher sittsam.

88 Wohl!
   Die Sittsamkeit
   Ist eine Verkümmerung von Lauterkeit und Treue;
   Des Haders Anfang ist sie.
   Vorkenntnis
   Ist eine prangende Blüte des *Weges*,
   Aber der Torheit Beginn.

89 Deshalb der große, gereifte Mann:
Hält sich an das Völlige
Und verweilt nicht beim Kümmerlichen;
Hält sich an den Kern
Und verweilt nicht bei der Blüte.

Wahrlich:
Von jenem laß! Dieses erfaß!

KAPITEL 39

90 Denen vorzeiten ward Einheit verliehen:

Dem Himmel ward Einheit verliehn
Und damit die Reine.
Der Erde ward Einheit verliehn
Und damit die Stille.
Den Geistern ward Einheit verliehn
Und damit die Seele.
Dem Flußtal ward Einheit verliehn
Und damit die Fülle.
Den zehntausend Wesen ward Einheit verliehn
Und damit das Leben.
Dem Fürsten, dem König ward Einheit verliehn,
Um Ordnung dem Erdreich zu geben.

Was dieses bewirkt hat, ist die Einheit.

Fehlte dem Himmel, wodurch er rein,
Er würde gewißlich zerreißen.
Fehlte der Erde, wodurch sie gestillt,
Sie würde gewißlich zerspleißen.
Fehlte den Geistern, wodurch sie beseelt,
Sie würden gewiß sich entwinden.
Fehlte dem Flußtal, wodurch es gefüllt,
Es würde gewißlich schwinden.
Fehlte den zehntausend Wesen, wodurch sie belebt,
Sie würden gewißlich verenden.
Fehlte dem Fürsten, dem König, wodurch sie geehrt
und erhöht,
Sie würden zum Sturze sich wenden.

91 Wahrlich:
Ehre hat zur Wurzel die Geringheit,
Hoheit zum Sockel die Niedrigkeit.

Deshalb heißen die Fürsten und Könige sich selbst:
Ich Waise, Meine Kärglichkeit, Meine Unzulänglichkeit.
Ist dieses nicht, weil sie zur Wurzel die Geringheit
nehmen?

92 Wahrlich:
Wer allzu hochfahrend ist,
wird wenig hoch fahren.

Und:
Wünsche nicht zu funkeln gleich einem Juwel,
Zu klingeln gleich einem Klangstein!

KAPITEL 40

93 Im Gegensinn verläuft des *Weges* Bewegung;
In seiner Schwäche liegt des *Weges* Brauchbarkeit.

94 Aus dem Sein sind die zehntausend Wesen geboren;
Das Sein ist aus dem Nichtsein geboren.

KAPITEL 41

95 Ein Meister hohen Grades, der vom *Wege* hört,
Wandelt ihn gewissenhaft.
Ein Meister mittleren Grades, der vom *Wege* hört,
Befolgt ihn einmal und verläßt ihn ein andermal.
Ein Meister niederen Grades, der vom *Wege* hört,
Verlacht ihn lauthals.

Was keiner verlacht,
Ist würdig nicht, daß man zum *Weg* es macht.

96 Darum heißt es in den stehenden Worten:

Den *Weg* erleuchten gleicht der Dunkelheit;
Den *Weg* vorangehn scheint wie Rückwärtsschreiten;
Den *Weg* plan machen scheint Unebenheit.

Die höchste Tugend gleicht dem Tal;
Der größte Glanz ist gleichsam Schande,
Weiteste Tugend scheinbar schmal.

Festeste Tugend dünkt dich unscheinbar;
Die volle Wahrheit ist wie schwindend;
Ein großes Viereck ist der Winkel bar.

Ein groß Gerät wird spät vollendet;
Ein großer Ton klingt selten bloß;
Ein großes Bild ist ohne Formen;
Der *Weg* verbirgt sich und ist namenlos.

97 Wohl! Nur der *Weg*
Ist gut im Ausleihn und vollenden.

KAPITEL 42

Der *Weg* schuf die Einheit.
Einheit schuf Zweiheit.
Zweiheit schuf Dreiheit.
Dreiheit schuf die zehntausend Wesen.
Die zehntausend Wesen
Tragen das dunkle Yin auf dem Rücken,
Das lichte Yang in den Armen.
Der Atem des Leeren macht ihren Einklang.

Was die Menschen verabscheun,
Ist Verwaistheit, Kargheit und Unzulänglichkeit:
Doch König und Fürst bezeichnen sich selber so.
Wahrlich, die Wesen:
Manch einer mindert sie – sie werden mehr;
Manch einer mehrt sie – doch sie mindern sich.

Was die Menschen lehren,
Das lehre auch Ich.
Das Balkenstarke stirbt keinen guten Tod.
Dies wollen Wir zum Vater unserer Lehre nehmen.

KAPITEL 43

101 Das Allerweichste der Welt
Holt im Rennen das Allerhärteste ein:
Ins Lückenlose dringt, was ohne Sein.

102 Daran erkennen Wir:
Was ohne Tun ist, wird mehr.
Nicht redend lehren,
Ohne Tun sich mehren
Wird auf der Welt nur selten erreicht.

KAPITEL 44

3 Ruhm oder Leib – was steht dir näher?
Leib oder Gut – welches zählt mehr?
Gewinnen oder Verlieren – welches macht Pein?
Darum:
Wer allzu sorgsam spart, wird groß vergeuden;
Wer viel sich häuft, in Fülle büßt der ein.

4 Wer Genügen kennt, bleibt ohne Schande;
Wer Einhalt kennt, ist ohne Gefahr.
So kann er dauern und bleibt immerdar.

KAPITEL 45

105 Ein groß Vollendetes scheint voll von Rissen,
Doch im Gebrauche bleibt es unverschlissen.
Ein groß Gefülltes scheint wie leer,
Doch im Gebrauche gibts unendlich her.

Ein groß Aufrechter scheint wie krumm;
Ein großer Könner scheint wie dumm;
Ein großer Redner stockt wie stumm.

106 Durch Ungestüm besiegt man die Kälte;
Durch Stillsein besiegt man die Hitze.
Durch Reinheit und Stille
Machst du das Erdreich recht.

KAPITEL 46

07 Wenn das Erdreich den *Weg* hat,
Stellt man das Rennpferd zum Dunggeben ein.
Wenn das Erdreich nicht den *Weg* hat,
Züchtet man Kriegspferde selbst in der Vorstadt.

08 Kein Frevel größer,
Als seinen Wünschen nachzugeben.
Kein Übel größer,
Als nicht Genügen kennen.
Kein Makel größer,
Als nach Gewinn zu streben.

Wahrlich:
Wer Genügen kennt am Genügenden,
Wird ständig genug haben.

KAPITEL 47

109 Ohne das Tor zu verlassen,
Kannst du das Erdreich erfassen;
Ohne durchs Fenster zu spähn,
Den Weg des Himmels sehn.
Je weiter wir hinausgegangen,
Desto geringer wird unser Verstehn.

110 Deshalb der Heilige Mensch:
Ohne zu wandeln, versteht er;
Ohne zu sehn, benennet er;
Ohne zu tun, vollendet er.

KAPITEL 48

11 Betreibe das Lernen:
So mehrst du dich täglich.
Betreibe den *Weg*:
So minderst du dich täglich.
Mindern und abermals mindern
Führt dich zum Ohne-Tun.

Bleib ohne Tun –
Nichts, das dann ungetan bliebe.

12 Nimmst du das Reich, sei ständig ohne Geschäft!
Denn wer beschäftigt ist,
Ist unzulänglich, das Reich zu nehmen.

KAPITEL 49

113 Der Heilige Mensch ist ohne beständigen Sinn:
Den Sinn der hundert Geschlechter
Macht er zu seinem Sinn.
»Zu den Guten bin Ich gut.
Zu den Unguten bin Ich auch gut.«
So empfängt er Güte.
»Den Treuen vertraue Ich.
Den Ungetreuen vertraue Ich auch.«
So empfängt er Vertrauen.

114 Der Heilige Mensch weilt im Reich voll
Ängstlichkeit.
Um des Reiches willen macht er verworren seinen
Sinn.
Die Hundert Geschlechter richten auf ihn Aug und
Ohr.
Der Heilige Mensch begegnet allen wie Kindern.

KAPITEL 50

15 Austritt ist Leben, Eintritt ist Tod.

16 Des Lebens Begleiter sind dreizehn.
Des Todes Begleiter sind dreizehn.
Die tödlichen Stellen in des Menschen Lebensregung
Sind ebenfalls dreizehn.
Und was der Grund?
Er lebt sein Leben zu völlig.

Denn ich habe gehört:
Wer es versteht, sein Leben zusammenzuhalten,
Der wandelt über Land und trifft nicht Nashorn
                              noch Tiger;
Der tritt in die Schlacht und trägt nicht Panzer noch
                              Waffen:
Das Nashorn findet nicht, worein das Horn zu
                              stoßen;
Der Tiger findet nicht, worein die Klaue zu
                              schlagen;
Die Waffe findet nicht, worein die Klinge zu
                              bohren.
Und was der Grund?
Er ist ohne tödliche Stellen.

KAPITEL 51

117 Der *Weg* erzeugt;
Die Tugend hegt;
Die Wesen formen;
Die Macht vollendet.

Darum ist unter den zehntausend Wesen keines,
Das nicht den *Weg* achtet und die Tugend ehrt.
Den *Weg* zu achten, die Tugend zu ehren,
Wohl! keiner hat es befohlen;
Ewig geschieht es von selbst.

Wahrlich:
Der *Weg* erzeugt sie;
Die Tugend hegt sie,
Leitet und pflegt sie,
Vermehrt sie, stützt sie,
Nährt sie, beschützt sie.

118 Erzeugen, doch nicht besitzen;
Tun, doch nicht drauf baun;
Leiten, doch nicht beherrschen –
Dies nennt man Mystische Tugend.

KAPITEL 52

19 Das Erdreich hat einen Anbeginn:
Er sei des Erdreichs Mutter genannt.
Wer einmal seine Mutter fand,
Hat sich als ihren Sohn erkannt.
Wer einmal sich als Sohn erkannt,
Wird treuer noch die Mutter wahren;
Sinkt hin sein Leib, ist er ohne Gefahren.

20 Wer seinen Zugang sperrt
Und seine Pforten schließt,
Des Leib ist ohne Mühsal bis zum Ende.
Wer seinen Zugang öffnet
Und fördert seine Werke,
Des Leib ist ohne Rettung bis zum Ende.

21 Kleinstes sehen heißt: Erleuchtung.
Weichheit wahren heißt: Stärke.
Wer seinen Glanz gebraucht,
Um zur Erleuchtung heimzufinden,
Der büßt nichts ein, trifft Unheil seinen Leib.
Dies nennt man: Sich dem Ewigen verbinden.

KAPITEL 53

122 Gesetzt, Ich hätte wenig Wissen nur
Und wandelte den Großen *Weg*:
Ich würde nichts fürchten, als abzuweichen.
Denn der Große *Weg* ist völlig plan;
Nur, das Volk liebt die Saumpfade.

123 Ist der Palast voll Prunk gebaut,
Doch die Felder voll von Kraut;
Sind die Scheunen völlig leer,
Doch die Kleider farbig-fein,
Gürtet man ein scharfes Schwert,
Ist man satt der Schwelgerein;
Hat man Überfluß an Geld und Gut –
Nenn ich das: Banditen-Übermut.
Solches kann der *Weg* nicht sein!

KAPITEL 54

24 Was gut gepflanzt ist, wird nicht ausgereutet;
Was gut umhüllt ist, wird nicht ausgebeutet.
So wird der Opferdienst von Sohn und Enkel
Ohn' Unterbrechen ausgebreitet.

25 Wenn du dies pflegst für dich allein,
Wird deine Tugend wahrhaft sein.
Wenn du dies pflegst bei dir zu Haus,
Breitet sich deine Tugend aus.
Wenn du dies pflegst am Heimatort,
Wächst deine Tugend fort und fort.
Wenn du dies pflegst im ganzen Land,
Blüht deine Tugend unverwandt.
Wenn du dies pflegst im ganzen Reich,
Dient deine Tugend allen gleich.

Wahrlich:
Am eigenen Selbst bemißt man anderer Selbst;
Am eignen Haus bemißt man die Häuser;
Am eigenen Ort bemißt man die Orte;
Am eigenen Land bemißt man die Länder;
Am Reich bemißt man das Erdreich.
Und woher wissen Wir, wie das Erdreich ist?
Durch dieses.

KAPITEL 55

126 Die Völligkeit dessen, der Tugend in sich
versammelt,
Gleicht der eines neugeborenen Kindleins.
Bienen, Skorpione, Vipern und Schlangen beißen e
nicht;
Wilde Tiere schlagen es nicht;
Raubvögel reißen es nicht.
Seine Knochen sind schwach, seine Sehnen weich,
Dennoch ist fest sein Griff.
Es weiß noch nicht von Mannes und Weibes
Vereinigung,
Dennoch zeigt sich sein Glied:
Das ist der Samenkraft Gipfel.
Den ganzen Tag schreit es,
Dennoch wird es nicht heiser:
Das ist der Gipfel natürlichen Einklangs.

127 Den Einklang kennen heißt: Ewig sein.
Das Ewige kennen heißt: Erleuchtet sein.
Das Leben mehren heißt: Unheil beschwören.
Bewußt den Atem regeln heißt: Stärke (Starrheit)
begehren.

128 Wird ein Wesen fest, so wird es alt.
Dieses nennt man: Nicht dem *Weg* gemäß.
Nicht dem *Weg* gemäß wird enden bald.

KAPITEL 56

129 Ein Wissender redet nicht;
   Ein Redender weiß nicht.

130 [Der Heilige Mensch]
   Versperrt seinen Zugang,
   Verschließt seine Pforten,
   Schabt ab seine Schärfen,
   Löst auf seine Wirren,
   Beschwichtigt sein Glänzen,
   Vereint seinen Staub.
   Dies nennt man Mystische Vereinung.

131 Darum ist er
   Unerreichbar aller Vertrautheit,
   Unerreichbar aller Zurückweisung,
   Unerreichbar allem Nutzen,
   Unerreichbar allem Schaden,
   Unerreichbar aller Ehrung,
   Unerreichbar aller Geringheit.

   Darum ist er geehrt vor allen andern im Reich.

KAPITEL 57

132 Mit dem Rechten regiert man das Land;
Mit Ordnungswidrigem gebraucht man die Waffen;
Mit Ungeschäftigkeit nimmt man das Reich.

(Und woher weiß Ich, daß dem so ist?
Durch dieses.)

133 Gibt es im Reich viel Hindrung und Verbot,
So wird das Volk nur ärmer werden.
Gibt es im Volk viel nützliches Gerät,
So wird das Herrscherhaus verstört.
Mehrt sich der Menschen Schläue und Geschick,
Kommt auf viel Ordnungswidrigkeit.
Je mehr Gesetz und Weisung man erläßt,
Desto mehr Räuber gibts und Diebe.

134 Darum sagt der Heilige Mensch:

»Ich bin ohne Tun,
Und das Volk wird von selbst sich entfalten.
Ich liebe die Stille,
Und das Volk kommt von selber zur Ordnung.
Ich bin ohne Geschäftigkeit,
Und das Volk wird von selber reich.
Ich bin ohne Begehren,
Und das Volk wird von selber schlicht.«

KAPITEL 58

135 Wes Herrschaft bang-befangen,
Des Volk wird harmlos prangen;
Wes Herrschaft strebig-straff,
Des Volk wird arg und schlaff.

136 Der Segen, ach! lehnt an das Unheil sich;
Das Unheil, ach! es kauert vor dem Segen.
Wer weiß, wo beider First gelegen?
Da Rechtes nicht noch Ketzerei vorhanden,
Verkehrt das Rechte sich in Widrigkeit
Und muß das Gute sich in Dämonie verkehren.
Daß blind der Menschen Blick,
Des Tage werden ewig währen!

137 Deshalb, der Heilige Mensch
Ist vierkant, ohne zu schneiden;
Ist winklig, ohne zu stechen;
Ist aufrecht, ohne sich zu dehnen;
Ist glänzend, ohne zu blenden.

KAPITEL 59

138 Um die Menschen zu regieren
Und dem Himmel zu dienen,
Ist nichts so gut wie Geizen.
Wohl! Dieses Geizen bedeutet:
Sich frühzeitig unterziehen.
Sich frühzeitig unterziehen, heißt:
Die gespeicherte Tugend verdoppeln.
Wenn einer die gespeicherte Tugend verdoppelt,
Ist nichts, das er nicht zwingt.
Wenn nichts ist, das einer nicht zwingt,
So kennt niemand seinen First.
Wes höchsten First niemand kennt,
Der darf das Land haben.

139 Wer des Landes Mutter hat,
Der kann ewig dauern.
Dieses nennt man:
Die Wurzel vertiefen und den Stamm festigen.
Das ist der Weg ewigen Lebens
Und dauernder Schau.

KAPITEL 60

40 Regier ein großes Land,
Als ob du brietest kleine Grundeln!

41 Wenn nach dem *Weg* ist überwacht das Reich,
So werden die Dämonen nicht
Als Geister sich bekunden.
Nicht nur, daß die Dämonen sich
Als Geister nicht bekunden;
Es werden diese Geister
Die Menschen nicht verwunden.
Nicht nur, daß diese Geister
Die Menschen nicht verwunden:
Auch wird der Heilige Mensch
Die Menschen nicht verwunden.

Wohl! Wenn einander nicht verwunden beide,
Hat Tugend sich im Wechsel eingefunden.

KAPITEL 61

142 Ein großes Land soll sein wie Stromes Tiefebene,
Soll sein des Erdreichs Sammelbecken,
Des Erdreichs Weiblichkeit.
Ewig überwindet das Weibliche
Mit seiner Stille das Männliche.
In seiner Stille ist es das Niedrige.

Darum:
Wenn ein großes Land
Sich erniedrigt vor dem kleinen Lande,
Gewinnt es das kleine Land.
Weil das kleine Land
Niedrig ist vor dem großen Lande,
Gewinnt es das große Land.

Wahrlich:
Das eine erniedrigt sich,
Um dadurch zu gewinnen.
Das andere ist niedrig,
Und dadurch gewinnt es.

Ein großes Land begehrt nichts,
Als die Menschen einzuordnen und zu nähren.
Ein kleines Land begehrt nichts,
Als beizutreten und zu dienen.
Wohl!
Auf daß ein jedes von beiden erhält,
Was es begehrt,
Muß das große sich füglich erniedrigen.

KAPITEL 62

43 Der *Weg* ist der zehntausend Wesen Hort:
Der guten Menschen Schatz,
Der Bösen Zufluchtsort.

44 Durch schöne Worte kannst
Du Würde dir erhandeln;
Kannst überbieten andere
Nur durch dein rechtes Wandeln.

(Selbst die Bösen unter den Menschen,
Warum sollte man sie verwerfen?)

45 Wahrlich:
Erhebt man den Himmelssohn
Oder setzt die drei Großminister ein,
Auch wenn sie Jadetafeln in Händen tragen
Und ihnen vier Pferde vorangehn:
Besser wäre, sie säßen still,
Und kämen weiter auf diesem *Wege*.

Daß die Alten diesen *Weg* verehrten,
Was war der Grund?
Sagten sie nicht:
Wer sucht, wird auf ihm finden;
Wer schuldig ist, wird auf ihm entkommen?
Darum ward er verehrt vor allem andern im Reich.

KAPITEL 63

146 Tun, was ohne Tun.
Schaffen, was ohne Geschäft.
Kosten, was ohne Köstlichkeit.
Nimm Großes für klein, Vieles für wenig!
Vergilt Groll mit Tugend!

147 Schwieriges planen, solang es leicht;
Großes tun, solang es klein:
Die schwierigsten Werke der Welt
Sind sicher aus Leichtem gemacht;
Die größten Werke der Welt
Sind sicher aus Kleinstem gemacht.

148 Deshalb der Heilige Mensch:
Bis ans Ende tut er nichts Großes.
Darum kann er vollenden seine Größe.

149 Wohl!
Wer vorschnell Ja sagt, findet kaum Vertrauen;
Wer vieles leicht nimmt, hat viel Schwierigkeit.

150 Deshalb der Heilige Mensch:
Gleichsam tut er sich schwer.
Darum bleibt er ohne Schwierigkeit bis ans Ende.

KAPITEL 64

51 Was friedlich ist, wird leicht gehalten;
Mit dem, was noch kein Zeichen gab, ist leicht zu
schalten.
Was spröde ist, schmilzt leicht dahin;
Was subtil, wird leicht zerstreut.
Walte der Dinge, bevor sie da sind!
Regiere, was noch nicht in Widerstreit!

52 Auch der gewaltigste Baum
War als Keimling fein wie Flaum.
Ein Turm von neun Stockwerken
Stieg aus einem Häufchen Erde hinan;
Eine Reise von tausend Meilen
Fängt unter deinem Fuße an.

53 Wer etwas tut, zerstört es;
Wer etwas festhält, verliert es.

54 Deshalb, der Heilige Mensch
Ist ohne Tun und darum ohne Zerstörung,
Ist ohne Festhalten und darum ohne Verlust.
Das Volk jedoch, wenn es ein Werk verfolgt,
Zerstört es ständig, wenns beinah vollendet ist.
Gib acht auf das Ende wie das Beginnen,
So kann dein Werk dir nicht mißlingen!

55 Deshalb, der Heilige Mensch
Begehrt, nicht zu begehren;
Schätzt schwer erlangbare Güter nicht;
Lernt, nicht zu lernen;
Kehrt sich zu dem, woran die Menge vorübergeht.
So stützt er der zehntausend Wesen natürliches
Weben,
Aber wagt nicht zu tun.

KAPITEL 65

156 Wer im Altertum gut war, des *Weges* zu walten,
Tat es nicht, damit das Volk erleuchtet würde,
Sondern, um es damit töricht zu halten.
Denn das Volk ist um so schwerer zu regieren,
Je größer seine Klugheit ist.

157 Wahrlich:
Wer mit Klugheit herrscht im Land,
Ist seines Landes Dieb;
Wer nicht mit Klugheit herrscht im Land,
Ist seines Landes Glück.

Er, der die beiden [Möglichkeiten] kennt,
Hat auch ein festes Richtmaß gewonnen.
Ewig ein festes Richtmaß kennen,
Dies nennt man Mystische Tugend.

Die Mystische Tugend, wie tief, wie weit!
Wie gegensinnig den Wesen!
Doch erst danach gelangt man
Zum großen Gleichströmen.

KAPITEL 66

58 Was macht, daß Strom und Meer vermögen,
König zu sein den hundert Flußtälern?
Weil sie gut sind im Niedrigsein,
Darum vermögen sie,
König zu sein den hundert Flußtälern.

59 Deshalb:
Wer dem Volk will über sein,
Stellt sich in seinem Wort ihm unter.
Wer dem Volk voran sein will,
Stellt sich mit seinem Selbst dahinter!

60 Deshalb, der Heilige Mensch
Weilt oben, ohne das Volk zu belasten;
Weilt vorn, ohne dem Volk zu schaden.
Deshalb freut sich das Reich, ihn zu fördern,
Und wird seiner nicht müde.

Weil er nicht streitet,
Darum vermag niemand im Reich,
Mit ihm zu streiten.

KAPITEL 67

161 Im Reich sagt jeder, Mein Weg wäre groß,
Doch er gleiche nicht dem Herkömmlichen.
Wohl! Eben weil er groß,
Darum gleicht er nicht dem Herkömmlichen.
Und wenn er herkömmlich wäre,
Er wäre seit langem verkümmert.

162 Wohl! Ich habe drei Kostbarkeiten,
Die ich mir halte und hüte.
Die erste heißt: Barmherzigkeit;
Die zweite heißt: Mäßigkeit;
Die dritte heißt: Nicht wagen, dem Reich
                                    voranzugehn.

Barmherzig – darum vermag ich, mutig zu sein;
Mäßig – darum vermag ich, großzügig zu sein;
Nicht wagend, dem Reich voranzugehn –
Darum vermag ich, Leiter zu sein den ›Geräten‹.

Doch heutzutage ist man mutig
Unter Verzicht auf Barmherzigkeit;
Ist man großzügig unter Verzicht auf Mäßigkeit;
Geht man voran unter Verzicht auf das
                                    Zurückstehn –
Das wird zum Tode führen!

163 Wohl!
Wer mit Barmherzigkeit kämpft, der siegt;
Wer mit ihr sich schützt, der ist sicher.
Wen der Himmel will retten,
Mit Barmherzigkeit schützt er ihn.

KAPITEL 68

4 Wer gut als Ritter, ist nicht streitbar;
Ein guter Kämpfer wütet nicht;
Wer gut als Feindbezwinger, wird nicht
                                   handgemein;
Wer Menschen gut verwendet, stellt sich ihnen
                                   unter.

Dies nennt man: Tugend des Nicht-Streitens;
Dies nennt man: Macht der Menschen-Verwendung;
Dies nennt man: First der Himmels-Paarung.

KAPITEL 69

165 Beim Gebrauch der Waffen gibt es seit alters ein
Wort:
»Ich wage nicht, den Hausherrn zu machen,
Sondern mache den Gast;
Ich wage nicht, um eine Daumenbreite vorzurücken
Sondern weiche eine Fußbreit zurück.«

Dies nennt man:
Vorgehn auch ohne Vorgehn,
Ärmelaufrollen auch ohne Arm,
Festhalten auch ohne Waffe,
Angreifen auch ohne Feind.

166 Kein Unheil größer, als ohne Feind zu sein.
Ohne Feind kann ich verlieren Meine Kostbarkeit.

167 Wahrlich:
Wenn zwei die Waffe gegeneinander erheben,
Wird der, der trauert, siegen.

KAPITEL 70

68 Meine Worte sind
Sehr leicht zu verstehen
Und sehr leicht auszuführen.
Doch im ganzen Reich
Vermag niemand, sie zu verstehen,
Vermag niemand, sie auszuführen.
Mein Wort hat einen Ahn,
Mein Werk hat einen Herrn.
Wohl! Nur weil man sie nicht kennt,
Versteht man auch Mich nicht.

69 Die Seltenen sind es, die Mich verstehn;
Und die Mir folgen, sind angesehn.

70 Deshalb der Heilige Mensch:
Trägt am Leibe das härene Gewand,
Aber am Herzen das Kleinod.

99

KAPITEL 71

171 Um sein Nichtwissen wissen
Ist das Höchste.
Um sein Wissen nicht wissen
Ist krankhaft.

172 Wohl! Nenne das Kranke krank!
So nur bist du nicht krank.

Der Heilige Mensch ist nicht krank.
Er nennt das Kranke krank,
Deshalb ist er nicht krank.

KAPITEL 72

73 Erst wenn das Volk vor deiner Macht nicht bangt,
Hast du die größte Macht erlangt.

Enge nicht ein, worauf sie wohnen!
Mache nicht mühsam, wovon sie leben!
Wohl, nur wenn du sie nicht mühst,
Werden sie deiner nicht müde.

74 Deshalb der Heilige Mensch:
Er kennt sich selbst,
Aber sieht sich nicht;
Er schont sich selbst,
Aber ehrt sich nicht.

Wahrlich:
Von jenem laß! Dieses erfaß!

KAPITEL 73

175 Mutig sein beim Wagen bedeutet Tod;
Mutig sein beim Nicht-Wagen bedeutet Leben.
Von diesen beiden
Bringt eines Nutzen, das andere Schaden.
Was der Himmel haßt,
Wer kennt den Grund davon?

150 (Deshalb der Heilige Mensch:
Gleichsam tut er sich schwer.)

176 Des Himmels Weg:
Er streitet nicht
Und ist dennoch gut im Siegen;
Er redet nicht
Und ist dennoch gut, Antwort zu geben;
Er ruft nicht auf,
Und dennoch kommt alles von selbst;
Sanft ist er
Und ist dennoch gut im Planen.

177 Des Himmels Netz ist endlos weit;
So groß die Maschen –
Dennoch entgeht ihm nichts.

KAPITEL 74

78 Wenn das Volk nicht vor dem Tode bangt,
Warum es dann mit dem Tode schrecken?
Gesetzt aber, man wirkte,
Daß das Volk ständig den Tod fürchtet,
Und sie täten Ordnungswidriges:
Wer von uns wagte, sie greifen und töten zu lassen?
Ständig ist ein Scharfrichter da, der richtet.
Statt des Scharfrichters zu richten,
Das hieße »statt des Zimmermanns hobeln«.
Wohl! Wenn einer statt des Zimmermanns hobelt,
Ists selten, daß er sich nicht die Hand verletzt.

KAPITEL 75

179 Wenn das Volk hungert, so darum,
Weil der Steuern, die seine Oberen verzehren,
Zu viel sind. Nur darum hungert es.
Wenn das Volk schwer zu regieren ist, so darum,
Weil seine Oberen tätig sind.
Nur darum ist es schwer zu regieren.
Wenn das Volk den Tod gering achtet, so darum,
Weil es dem Leben zu völlig nachgeht.
Nur darum achtet es den Tod gering.

180 Wohl! Nicht zu haben,
Wodurch das Leben schätzenswert,
Ist besser, als das Leben wertzuschätzen.

KAPITEL 76

81 Wenn der Mensch geboren wird,
Ist er weich und schwach;
Wenn er stirbt,
Ist er fest und stark.
Wenn die zehntausend Wesen,
Wenn Gräser und Bäume wachsen,
Dann sind sie weich und saftig;
Doch wenn sie absterben,
Dann sind sie dürr und trocken.

Wahrlich:
Das Feste, Starke ist des Todes Begleiter;
Das Weiche, Schwache des Lebens Begleiter.

82 Deshalb:
Sind die Waffen stark, dann siegen sie nicht.
Sind die Bäume stark, dann werden sie gefällt.
Das Starke, Große liegt darnieder;
Das Weiche, Schwache ist hochgestellt.

KAPITEL 77

183 Des Himmels Weg, wie gleicht er dem
Bogenspannen!
Was hoch ist, wird niedergedrückt;
Was tief ist, nach oben gezogen;
Was zu viel ist, wird vermindert;
Was unzureichend, wird aufgewogen.

So auch des Himmels Weg:
Er mindert das, was zu viel,
Und wiegt auf, was unzureichend ist.
Doch der Menschen Weg ist anders:
Sie mindern die, bei denen es nicht reicht,
Um es darzubringen denen, die zu viel haben.

184 Wer ist imstande, sein Zu-Viel
Darzubringen dem Reiche?
Nur der, der den *Weg* hat.

185 Deshalb der Heilige Mensch:
Er tut, aber baut nicht darauf;
Ist das Werk vollbracht, verweilt er nicht dabei.
Denn er wünscht nicht zu zeigen seine Trefflichkeit.

KAPITEL 78

86 Nichts auf Erden ist so weich und schwach
Wie das Wasser.
Dennoch, im Angriff auf das Feste und Starke
Wird es durch nichts besiegt:
Das Nicht-Sein macht ihm dies leicht.

87 Schwaches besiegt das Starke;
Weiches besiegt das Harte.
Niemand auf Erden, der das nicht weiß,
Niemand, der ihm zu folgen vermag.

88 Deshalb sagt der Heilige Mensch:

»Wer auf sich nimmt den Schmutz im Land,
Sei Herr des Flur- und Kornaltars genannt.
Wer Landes Unheil auf sich nimmt,
Der ist zum König des Erdreichs bestimmt.«

89 Wahre Worte klingen
Oft wie Gegensinn.

KAPITEL 79

190 Wenn wir den größten Groll beschwichtigen,
Verbleibt des Grolls genug.
Wie stellen trotzdem wir
Uns mit den andern gut?

191 Deshalb, der Heilige Mensch
Behält den linken Teil der Schuldverschreibung,
Aber treibt nicht ein von den Menschen:
Wer Tugend hat, obliegt der Schuldverschreibung;
Wer tugendlos, obliegt der Schuld-Eintreibung.

192 Des Himmels *Weg* ist ohne Günstlingsgeist,
Gibt ewig dem, der sich als gut erweist.

KAPITEL 80

Ein kleines Land! Ein Volk gering an Zahl!
Und gäb es dort Geräte zehnfach, hundertfach
Von Wirkung – mach, daß man sie nicht gebraucht!
Mach, daß das Volk ernst nimmt den Tod
Und nicht auswandert in die Ferne!
Wohl gibt es Schiff und Wagen dort,
Jedoch kein Ziel, sie zu besteigen;
Wohl gibt es Panzer und Waffen dort,
Doch keinen Grund, sie aufzunehmen.
Laß auch die Menschen finden heim zur
                                                    Knotenschnur
Und sie gebrauchen.
Mach süß ihre Speise,
Schön ihre Kleider,
Friedlich ihr Wohnen,
Fröhlich die Lebensweise!
Man sieht von weitem wohl das Nachbarland,
Die Hähne sind, die Hunde noch zu hören;
Das Volk wird alt, und wenn sie sterben,
War dennoch keiner, der zum Nachbarn fand.

KAPITEL 81

194 Trauenswerte Worte sind nicht schön;
Schöne Worte sind nicht trauenswert.
Wer gut ist, disputiert nicht;
Wer disputiert, ist nicht gut.
Ein Wissender ist nicht gelehrt;
Ein Gelehrter ist nicht wissend.

195 Der Heilige Mensch häuft nicht an.
Je mehr er für die Menschen tut,
Desto mehr hat er selbst.
Je mehr er den Menschen gibt,
Desto mehr wird ihm selbst zuteil.

196 Des Himmels Weg:
Er nützt, ohne zu schaden.
Des Heiligen Menschen Weg:
Er tut, ohne zu streiten.

ZUR AUSSPRACHE

Die Wiedergabe der chinesischen Namen und Termini folgt der in Richard Wilhelms Übersetzungen weitverbreiteten Umschrift mit der einen Ausnahme, daß das ï hier durch ĕ ersetzt wird. In dieser Umschrift bleiben die klassischen Anlaute g, k, ds, ts bzw. h und s vor i und ü erhalten, während sie im Neuchinesischen zu dj, tj bzw. hs verschmolzen sind. Die Umschrift, für den deutschen Leser bestimmt, fügt sich unserem Schriftbild besonders glücklich ein. Von der vornehmlich durch die »Lyrik des Ostens« (Carl Hanser Verlag, München 1952) bekannten Umschrift unterscheidet sie sich nur geringfügig. Zu beachten ist:

ĕ ist ein sehr kurzes e oder i; so klingt die Silbe dsĕ fast wie ein stimmhaftes ds.

h ist vor i und ü wie das ch in »ich«, sonst wie das ch in »ach« zu sprechen.

j ist dem französischen j in »jardin« oder dem englischen r in »right« ähnlich.

s ist stimmlos wie in »Wasser«.

y wie in »York«.

Doppelvokale (wie in »yüan«) sind nacheinander, aber einsilbig zu sprechen.

Die französische Schreibung Tao, Tê und Tao-Tê-King statt Dau, Dö und Dau-Dö-Ging ist, weil eingebürgert, beibehalten worden.

111

ANMERKUNGEN

KAPITEL 1

1 Die traditionelle Übersetzung (von V. v. Strauß und
E. Rousselle abgesehen): »*Der Weg, den man weisen kann,
ist nicht der ewige Weg*« o. ä., läßt sich grammatisch nicht
halten. V. 1 und 3 sind als Bedingungssatz zu verstehen,
was nicht zuletzt der Grund sein mag, daß Yang Gia-lo
(s. S. 19) seine *Tao-Tê-King*-Version nicht mit den allbe-
kannten Worten beginnen läßt. Bei ihm lautet der Anfang:

> *Ein Wesen gibt es chaotischer Art,*
> *Das noch vor Himmel und Erde ward,*
> *So tonlos, so raumlos.*
> *Unverändert, auf sich nur gestellt,*
> *Ungefährdet wandelt es im Kreise.*
> *Du kannst es ansehn als Mutter der Welt.*   (§ 58)

> *Das Erdreich hat einen Anbeginn:*
> *Er sei des Erdreichs Mutter genannt.*
> *Wer einmal seine Mutter fand,*
> *Hat sich als ihren Sohn erkannt.*
> *Wer einmal sich als Sohn erkannt,*
> *Wird treuer noch die Mutter wahren;*
> *Sinkt hin sein Leib, ist er ohne Gefahren.*   (§ 119)

> *Ich kenne seinen Namen nicht.*
> *Ich sage Weg, damit es ein Beiwort erhält.*
> *Und wenn ichs mit Mühe benennen soll,*
> *Sag Ich: Das Große.*
> *Großsein heißt: sich Verlieren;*
> *Sich Verlieren heißt: sich Entfernen;*
> *Sich Entfernen heißt: im Gegensinn gehn.*   (§ 58)

> *Wahrlich: Groß ist der Weg, groß der Himmel,*
> *Groß die Erde, groß der König!*

Vier Große gibt es in den Grenzen des Alls.
Der König ist einer von ihnen.
Der König nimmt zum Gesetz die Erde,
Zum Gesetz den Himmel, zum Gesetz den Weg,
Zum Gesetz das eigene Weben. (§ 59)

Könnten wir weisen den Weg,
Es wäre kein ewiger Weg.
Könnten wir nennen den Namen,
Es wäre kein ewiger Name ... (§ 1)

Für die Primitivität der *Tao-Tê-King*-Reime spricht, daß ein Wort auf sich selbst reimen kann, z. B. *Weg – Weg*, *Name – Name*.

§ 2   Mit Ma Sü-luns (1924) Interpungierung übersetzt J. J. L. Duyvendak: »*Der Terminus Nichtsein bezeichnet der Anfang von Himmel und Erde; der Terminus Sein bezeichnet die Mutter der zehntausend Wesen*« und bezieht »*Dies beiden*« (§ 4) auf Nichtsein und Sein.

Zum Begriff der »*Mutter*« vgl. Kap. 20, 25, 52, 59. Der Taoismus fand seinen Nährboden vor allem im Süden des alten China, im Königreich Tschu am Yang-dsĕ-giang und im benachbarten Sung. In diesem Lande fristeten die Nachkommen der offenbar matriarchalisch bestimmten Schang-Dynastie (um 1550–1050 v. Chr.) ihr Dasein. So finden manche Forscher wie E. Erkes und E. Rousselle im *Tao-Tê-King* den Niederschlag einer Mutterreligion. Die Schang wurden von den westlichen Dschou, den Trägern von Ahnenkult und Himmelsreligion, vertrieben. Besonders der Konfuzianismus vertrat das Patriarchat.

§ 4   »*Ihre Vereinung nennen wir mystisch*«: Vgl. Kap. 56, § 130: »*Dies nennt man Mystische Vereinung.*«

KAPITEL 2

§ 7   Z. 6 und 7 werden in Kap. 10 und 51 wiederholt.

KAPITEL 3

9 *Die Tüchtigen zu ehren* (anstelle des Erbadels) war ein Schlagwort verschiedener philosophischer Schulen in den ersten vorchristlichen Jahrhunderten.

10 *»füllt ihren Bauch«*: Vgl. Kap. 12, § 27.

11 Vgl. Kap. 48, § 111.

KAPITEL 4

Ein recht dunkler, z. T. wohl korrupter Abschnitt.

12 Mit Duyvendak und Dschu Kiän-dschě (1958) lese ich *giu* (*ewig*) statt *ho* (*vielleicht*). Die alten Schriftzeichen beider Worte ähneln sich.

»Ich«: Persönliche Fürwörter, die im Chinesischen gesetzt sind, werden im folgenden groß geschrieben.

Zum Begriff des *»Bildes«* (*siang*) vgl. Kap. 14, 21, 35, 41.

130 Diese Verse dürften fälschlicherweise eingefügt sein. Sie kommen noch einmal in Kap. 56 vor.

KAPITEL 5

13 Aus *Stroh* verfertigte *Hunde* wurden bei den Opfern verwendet und nach Gebrauch fortgeworfen. Vgl. *Dschuang-dsě 14.4*.

»Die Hundert Geschlechter«: ursprünglich die ›oberen hundert‹ Familien, später zum Begriff des Volkes ausgeweitet.

15 Z. 1 folgt der m. W. nur von Tschu Da-gau (1937) vertretenen Auffassung. Vgl. die Sentenz *»Viele Worte – viele Niederlagen«* (*do yän do bai*) in den *»Schulworten des Konfuzius«* (*Kung-dsě gia-yü*).

115

KAPITEL 6

Diese sehr dunklen Verse (Reimschema: *aa bbbb*) scheinen alt zu sein. *Liä-dsë 1.1* führt sie als Worte aus dem *»Buch des Gelben Kaisers«*, d. h. des mythischen Ahnherrn des Taoismus, an. Die wichtigsten dieser Stelle gewidmeten chinesischen Kommentare sind Gegenstand einer Arbeit von H. Neef: *Die im Tao-ts'ang enthaltenen Kommentare zu Tao tê-ching Kapitel VI* (Diss. Bonn), Bochum-Langendreer 1938. A. Conrady erblickt in den Versen Reste einer alten Stammuttersage (»Zu Lao-tze, Cap. 6«, in: *Asia Major* 1932, S. 150–156).

Tschu Da-gau übersetzt den Anfangsvers unter Hinweis auf Kap. 39 erstmalig: *»Das Tal und der Geist sterben nie«*.

KAPITEL 8

§ 20 *»Gut ist beim Geben: die Menschlichkeit«* steht rein wörtlich im Widerspruch zu Kap. 5, § 13; Kap. 18 und Kap. 19, § 44.

KAPITEL 10

§ 23 Vgl. *Dschuang-dsë 23.3.*

Duyvendak erkannte m. W. als erster, daß das Anfangswort des traditionellen Textes *dsai* in Wirklichkeit als Finalpartikel zu Kap. 9 gehört. Das nunmehr erste Wort *yin* wird von den Kommentatoren als Dialektausdruck des Landes Tschu (vgl. Anm. zu § 2) für nordchinesisch *hun* »Geistseele«, erklärt. Der Eingangsvers hieße dann: *»[Mit Geist- und Körperseele umfangend das Eine ...«* Es ist aber nicht einzusehen, warum *ying* nicht wörtlich als *»regulieren«* aufgefaßt werden soll.

po ist die Körperseele, die nach dem Tod im Grabe bleibt. A. Waley weist darauf hin, daß das Wort ursprünglich

»*Samen*« bedeutet und daß hier »auf eine Technik geschlechtlicher Hygiene angespielt ist, die neben der Atem-Technik einhergeht«.

»*Die himmlischen*«, wir würden sagen: »*natürlichen Pforten*«.

Mit Yü Yüä (1821–1906) und Duyvendak, die einer Tang-Inschrift folgen, lese ich *we* (»*werden*«) statt *wu* (»*nicht sein*«) vor »*Weibchen*« und tausche V. 8 und 12 miteinander aus.

Mit V. v. Strauß lese ich das sechsmalige *hu* nicht als Fragepartikel.

KAPITEL 11

Die *dreißig Speichen* des altchinesischen Wagens symbolisierten die Tage des Monats.

Man meißelt Tür und Fenster aus«: Ist an die Wohnhöhlen gedacht, wie man sie, vor allem in Nordchina, in den Löß gräbt?

KAPITEL 12

26 »*Die Fünf Farben*«: Blaugrün, Gelb, Rot, Weiß, Schwarz.

»*Die Fünf Töne*« der altchinesischen Tonleiter sind, wie V. v. Strauß anmerkt, die Prime, große Sekunde, große Terz, Quinte und große Sexte und decken sich mit der altschottischen Tonleiter.

Als »*Fünf Geschmäcke*« werden meist zitiert: bitter, sauer, salzig, beißend, süß.

Die Fünfzahl ist hier jeweils als *mannigfach* zu verstehen.

27 »*Tut für den Bauch*«: Vgl. Kap. 3, § 10.

KAPITEL 13

§ 29 »*Stachel*« ist in zweifachem Sinn zu verstehen: 1. al
Ansporn, 2. als *Ressentiment*. Sowohl der *Ansporn*, Guns
zu erwerben, wie das *Ressentiment*, wenn wir in Ungnad
fallen, bedeuten eine Störung unseres seelisch-körperliche
Wohlbefindens.

A. Waley spricht die geistreiche Vermutung aus, daß es si
bei den Anfangszeilen um zwei Zitate der Yang-Dschu
Schule handelt, die einen epikureischen Individualismu
lehrte und somit in gewisser Verwandtschaft zu Dschuang
dsë und seiner Schule steht. Das Wort *jo* kann sowoh
»*gleichsam*« wie »*Du, Dir, Dein*« bedeuten; und Wale
nimmt an, daß die Sätze ursprünglich zu lesen waren:

> *Gunst und Schande sind Dir ein Stachel.*
> *Ehrung ist ein großes Leiden Deinem Leib.*

Die Ausführungen des § 29 lassen aber erkennen, daß de
Tao-Tê-King-Verfasser *jo* als »*gleichsam*« oder »*gleichwie*«
verstanden hat. Solche Umdeutung von Zitaten ist in Chin
nicht selten.

Die Emendation in der Zeile »*Gunst ist [etwas Hohes
Schande] etwas Niedriges*« stammt von Yü Yüä und is
von Gau Hong (1930) und J. J. L. Duyvendak angenom
men worden.

KAPITEL 14

§ 31 Es werden eingangs zum Verdruß aller Übersetzer dre
Begriffe definiert, die an anderer Stelle als selbstverständ-
lich vorausgesetzt sind. So »*plan*« (*i*) in Kap. 41 und 53
»*heimlich*« oder »*selten*« (*hi*) in Kap. 23, 41, 43, 70, 74; und
»*subtil*« (*we*) in Kap. 15, 36 und 64.

Han-Fe-dsë (s. S. 12) kommentiert in seinen »*Erklärunger
zu Lau-dsë*« (Buch 6 des *Han Fe-dsë*; W. K. Liao, *Th*

118

Complete Works of Han Fei Tzu, Bd. 1, London 1939,
S. 169 ff.) aus diesem Kapitel die Verse

Die Gestalt des Gestaltlosen,
Das Wesen (sic!) *des Wesenlosen.*

32 Gehört eher zu Kap. 15.

KAPITEL 15

33 Mit den Worten *schan we schĕ dschö* der ersten
Zeile beginnt Kap. 68, wo sie zweifellos bedeuten: »*Wer
gut als Ritter*«. *schĕ,* ursprünglich der Ritter mit Kampfwagen, bei Konfuzius schon auf den Ritter des Geistes
übertragen, kommt bei Dschuang-dsĕ in mannigfachen Ver-
bindungen vor, wie *yin-schĕ,* der »*Ritter im Verborgenen*«;
wu-schĕ, der »*Ritter der Kriegskunst*«; *dschĕ-schĕ,* der »*Ritter des Wissens*« usw. Die militärische Komponente ist hier
verloren, die soziale vermutlich abgeschwächt, so daß die
Übersetzung »*Meister*« vertretbar ist. A. Waley schreibt:
»*officers of court*«.

34 »*chaotisch*« (*hun*), ein Schlüsselwort des Taoismus. Vgl.
Kap. 14, 25, 49 (»*verworren*«).

KAPITEL 16

40 Weist verschiedene Lesarten auf. Die Übersetzung folgt
Dschang Mo-schong (1943). Dieser folgt dem Wang-Bi-
Kommentar, aus dem hervorgeht, daß sich in den Wang-
Bi-*Text* Fehler eingeschlichen haben. Die traditionelle Les-
art gemäß dem Text des Wang Bi lautet, unter annähern-
der Wahrung des Wortspieles:

Wer das Ewige kennt, ist freisinnig;
Freisinnig ist aber: Freiherrlich;
Freiherrlich ist aber: Königlich;

> *Königlich ist aber: Himmlisch;*
> *Himmlisch ist aber: der Weg* usw.

»Sinkt hin sein Leib«: Der Ausdruck *mo-schen* ist später zur Bedeutung *»bis ans Lebensende«*, *»zeit seines Lebens«* verblaßt und wird auch hier oft in diesem Sinne wieder gegeben. Der Schlußsatz von Kap. 33: *»Wer stirbt, ohne zu vergehn, lebt immerdar«*, legt nahe, daß die wörtliche Übersetzung *»Sinkt hin sein Leib, ist er ohne Gefahr«* vorzuziehen ist. Der Satz kommt wörtlich noch einmal in Kap. 52 vor.

KAPITEL 17

§ 42 Die beiden Anfangsverse sind in Kap. 23 wiederholt.
»frei« (dsĕ-jan): wörtlich »von selbst«.

KAPITEL 18

Vgl. S. 11 der Einleitung.
Die Zusammensetzung der *»Sechs Blutsverwandten«* schwankt wie das bei ähnlichen, in China beliebten Zahlkategorien meist der Fall ist. Nach einer Version: Vater, Mutter, ältere und jüngere Brüder, Gemahlin und Kinder.

KAPITEL 19

Vgl. S. 8 der Einleitung. – § 45 ist unklar.

KAPITEL 20

§ 47 Eine Abrechnung mit den Anstandsregeln, wie sie etwa im *Li-gi,* dem *»Ritenbuch«* des konfuzianischen Kanons bewahrt sind.

»Jawohl!«: Vgl. *Li-gi 12*: »Wenn [der Knabe] bei seinen Eltern oder bei Oheim und Tante weilt und sie tragen ihm etwas auf, so hat er ›Jawohl!‹ zu sagen und es sorgfältig auszuführen.«

48 Sowohl A. Waley wie J. J. L. Duyvendak wollen das Gedicht nicht als Selbstbekenntnis des Verfassers gelten lassen. Doch scheint es zu bewegt und persönlich (siebenmaliges *»Ich«*!), um lediglich ein allgemeines Verhaltensbild des Taoisten zu sein.

KAPITEL 21

Ist ein Brauen, ein Glosen«: Vgl. Kap. 14, § 31.
Durch dieses«: d. h. ohne weitere Ableitung, spontan.

KAPITEL 22

52 Es handelt sich wohl um Glossen, die sich in den Text verirrt haben.

KAPITEL 23

55 Die Textüberlieferung ist sehr fragwürdig. Vergrößert wird die Verwirrung durch den Umstand, daß die Schriftzeichen für *»Tugend«* und *»Erfolg«* in alten Texten vermischt gebraucht werden. Die Übersetzung folgt der traditionellen Deutung. Eine Personifizierung des *Weges*, der *Tugend* und besonders des *Verlustes*, die sich nämlich *freuen*, ist hingegen höchst unwahrscheinlich. In verschiedenen alten Textversionen fehlt denn auch das Wort *lo* (*»Sich freuen«*). Als Beispiel für die Unsicherheit der Interpreten möge die Version Dschu Kiän-dschĕs (1958) dienen, der den § 55 folgendermaßen liest:

121

Wahrlich:
Folgt einer dem Wege in seinen Geschäften,
So gewinnt ihn der Weg;
Wird einer eins mit der Tugend,
So gewinnt ihn die Tugend.
Wird einer eins mit dem Verlust,
So verliert ihn der Weg.

Vielleicht spielt Lau-dsě mit einem Sprichwort, das so ge
lautet haben mag:

Wer gewinnt, setzt sich in eins mit dem Gewinn;
Wer verliert, setzt sich in eins mit dem Verlust.

KAPITEL 24

§ 57 Die erste Zeile ist unklar.

KAPITEL 25

§ 58 »(Im) Gegensinn (gehn)«, chin. *fan*, ein Schlüsselwor
des *Tao-Tê-King*. Vgl. Kap. 40, 65, 78.
§ 59 Z. 2: Der Wang-Bi-Text hat »*König*«; aus dem Kom
mentar geht aber hervor, daß Wang Bi ursprünglich
»*Mensch*« las. Freilich definiert er den »*Menschen*« als »*Ge
bieter der Menschen*«. So bleibt es auch fraglich, ob de
»*Mensch*« in Z. 5 im griechisch-abendländischen Sinn ode
aber im östlichen als »*d e r Mensch*«, d. h. als *Herrscher*
aufzufassen ist.
»*das eigene Weben*«: *dsě-jan*, wörtlich »*von selbst*«.

KAPITEL 26

Reimschema: *aa bb cc dd aa.*
Wang Bi liest »*der Heilige Mensch*« statt »*ein Herrensohn*«
Letzterer ist primär ein konfuzianischer Begriff und häu

fig in den »*Ausgewählten Worten*« (*Lun-yü*) des Konfuzius anzutreffen, der bekanntlich Erzieher von Herrensöhnen (*gün-dsĕ*) war. A. Waley (»ein Patrizier-Sprichwort«) und J. J. L. Duyvendak lesen mit Ma Sü-lun (1924) »*Herrensohn*«, nachdem diese *lectio difficilior* (schwierigere Lesart) durch *Han Fe-dsĕ* (gest. 233 v. Chr.) in seinen »*Beispielen zu Lau-dsĕ*« (Buch 7 des *Han Fe-dsĕ*) verbürgt ist.

KAPITEL 27

61   Der erste Vers ist wörtlich übersetzt. Die übliche Auffassung ist: »*Ein guter Fahrer hinterläßt keine Wagenspur*«. Duyvendaks Erklärung ist dagegen: Ein guter Fahrer braucht sich an keine Wagenspur zu halten, wie sie sich besonders im weichen Löß Nordchinas bildet.
62   Im *Huai-nan-dsĕ*, einem taoistischen Werk, das unter dem Patronat des Prinzen von Huai-nan (gest. 122 v. Chr.) entstanden ist, werden die Z. 3 und 5 so zitiert:

> *Darum gibt es unter den Menschen keine verworfenen*
> *Menschen*

und:

> *Darum gibt es unter den Wesen keine verworfenen*
> *Wesen.*

Diesem Sinn nähert sich die vorliegende Übersetzung. Die übliche: »*Denn er verwirft die Menschen* (bzw. *die Wesen) nicht*«, wäre pleonastisch. Auch bliebe der Satz »*Dies nennt man die Doppelte Erleuchtung*« wenig überzeugend. Mit Duyvendak wird das mehrdeutige *si* nicht als »*verbergen*« usw., sondern als »*doppelt*« aufgefaßt.
63   Das Wort *ai* wird im *Tao-Tê-King* nicht als »*lieben*«, sondern als »*schonen*« gebraucht. Vgl. Kap. 13, 44, 72.
Ein Zusammenhang zwischen den §§ 61, 62, 63 ist nur mit Mühe herzustellen. Das Bindeglied ist u. U. in dem Wort »*gut*« (*schan*) zu suchen.

KAPITEL 28

§ 64 Reimschema: *xaaaaa; bbbbbb; xccccc*.
In dieser anscheinend alten Hymne wäre das Wort »*Tucht*«
d. h. die *Virtus* als magisch-charismatische Kraft, sta[tt]
»*Tugend*« am Platze.

§ 65 »*Gerät*« (*ki*) ist hier wahrscheinlich im übertragene[n]
Sinn als »*Funktionär*« zu verstehen. Vgl. Anm. zu Kap. 6[.]

KAPITEL 29

§ 66 Der abschließende Reimspruch wird in Kap. 64 wiede[r]
holt.

§ 67 Es ist nicht einzusehen, warum *tso* nicht wörtlich m[it]
»*zermalmen*« übersetzt und durch andere Lesarten ersetz[t]
werden soll.

KAPITEL 30

§ 70 »*hat Erfolg*«: *guo*, wörtlich »*Frucht*«.

KAPITEL 31

Vermutlich stellt § 71 den Text dar, während die §§ 72 un[d]
73 Kommentare sind, die irrtümlich mit dem Text ver[-]
mengt wurden. Denn als einziges weist dieses Kapitel i[n]
der Wang-Bi-Version keinen Kommentar auf.

§ 72 Die Übersetzung der Anfangszeile folgt Duyvenda[k,]
der *we* (»*eben*«) statt des im Schriftbild sehr ähnlichen *gi*
(»*schön*«) liest. Die Verbindung *fu-we . . . gu*, »*Wohl! Ebe[n]
weil . . . darum*« findet sich im *Tao-Tê-King* wiederhol[t.]
Vgl. Kap. 22, § 51; Kap. 67, § 161. Die traditionelle Über[-]
setzung lautet:

Auch die schönsten Waffen sind Geräte des Unheils.

KAPITEL 32

74 Der Text ist sicherlich korrupt. Duyvendak kontaminiert ihn mit Kap. 37. Ich füge der zweiten Zeile aus Gründen des Metrums und eines besseren logischen Anschlusses an § 75 die Worte *wu-ming dschĕ*, *»des Namenlosen«*, hinzu. Der Ausdruck *»die Schlichtheit des Namenlosen«* findet sich in Kap. 37. Der Fehler ist leicht durch Haplographie (einfache statt doppelter Setzung eines Ausdruckes beim Abschreiben) zu erklären.

75 *»verfügt«:* es wird versucht, das Wortspiel des Originals nachzuvollziehen. *dschĕ* heißt 1. *»zurechtschneiden«*, 2. *»regieren«*. Vgl. Kap. 28, Schlußzeile:

Ein groß Gefügtes (dschĕ) ist ungefeilt.

Auch in Kap. 28 steht dem *dschĕ* das *pu*, d. h. die *Schlichtheit* des *Grobholzes*, gegenüber.

KAPITEL 33

Letzte Zeile: Ich lese mit einer Reihe von Übersetzern, einer Tang-Inschrift folgend, *»vergehen«* (*wang*) statt *»vergessen«* (*wang*). Die beiden Worte unterscheiden sich nur im Schriftbild durch das Klassenzeichen *»Herz«*.

KAPITEL 34

Z. 3, 4, 5 und 13, 14: Vgl. Kap. 2, § 7, und Kap. 63, § 148, wo Ähnliches vom Heiligen gesagt ist.

KAPITEL 35

§ 80   Gewöhnlich wird das »*Große Bild*« mit dem *Tao*, dem »*Weg*«, identifiziert. In Kap. 41 heißt es:

> *Ein großes Bild ist ohne Formen*

und in Kap. 14 wird das Chaotisch-Unfaßbare ein »*Bild des »Wesenlosen*« genannt.

§ 81   Der letzte Vers folgt einer Lesart Ho-schang-gung (8. Jh. n. Chr.).

KAPITEL 36

§ 84   Wird von Dschuang-dsë im 10. Buch zitiert. Dort allerdings wird »*des Landes wirksamstes Gerät*« mit dem Heiligen gleichgesetzt, den man den Menschen nicht zeigen dürfe.

KAPITEL 38

§§ 86 und 87   Vgl. S. 11 der Einleitung.

§ 88   »*Vorkenntnis*«: Vgl. *Maß und Mitte* (*Dschung-yung*), ein von taoistischem Geist gefärbtes konfuzianisch-kanonisches Werk aus den ersten vorchristlichen Jahrhunderten, Abschn. 24:

Auf dem Wege (Tao) höchster Wahrhaftigkeit kann man [die Zukunft] im Voraus kennen. Steht einem Herrscherhaus der Aufstieg bevor, so gibt es bestimmt glückliche Vorzeichen; steht einem Herrscherhaus der Untergang bevor, so gibt es bestimmt dämonische Phantome . . .

Mit einer Satz-für-Satz-Erläuterung dieses Kapitels beginnt Han Fe-dsë seine »*Erklärung zu Lau-dsë*«.

KAPITEL 39

§ 90   Die traditionelle Gleichsetzung der *»Einheit«* oder des
»Einen« (vgl. Kap. 10, 14, 22) mit dem *Weg (Tao)* kann,
aber braucht nicht ursprünglich zu sein.
»Seele« (ling), d. h. die Zaubermacht.

KAPITEL 41

§ 95   Zu *»Meister« (schĕ)* vgl. Anm. zu Kap. 15.

KAPITEL 42

§ 98   Unter Berufung auf Huai-nan-dsĕ (gest. 122 v. Chr.),
welcher die Passage zitiert, wird in manchen Ausgaben die
erste Zeile ausgelassen. Die Identifizierung der *Einheit* mit
dem *Weg* wird dazu geführt haben. Der japanische Ge-
lehrte Anazawa Tatsuo, welcher diesem für die taoistische
Kosmologie so wichtigen Kapitel in »Nihon Chūgoku
gakkai hō 7« eine Untersuchung widmet (in: *Revue biblio-
graphique de Sinologie* 2, 1956), kommt zu dem Schluß,
daß die erste Zeile unentbehrlich ist. Freilich setzt er die
»Einheit« mit dem *Mystischen* und *Großen* gleich.
»Zweiheit«: entweder *Yin,* das dunkle, kalte, weibliche
Prinzip, und *Yang,* das helle, warme, männliche; oder, nach
Anazawa Tatsuo, das *Nichtsein* und das *Sein* (vgl. Kap.
40).
»Dreiheit«: vermutlich Himmel, Erde und Mensch (Herrscher).

KAPITEL 46

§ 107   Z. 2 folgt einer Emendation durch Gau Hong (1930).
Die traditionelle Übersetzung ist:

Stellt man das Rennpferd zum Dungfahren ab.

Sie kann sich auf ein altes Zitat stützen, welches das Wort »*Wagen*« hinzufügt.

»*Vorstadt*«: Dort standen die Altäre für die Opfer an Himmel und Erde.

KAPITEL 49

§ 113 »*Hundert Geschlechter*«: Vgl. Anm. zu Kap. 5. »*Zu den Unguten bin ich auch gut*«: Hier steht Lau-dsě in gewissem Gegensatz zu Konfuzius. In *Lun-yü 13.24* heißt es: *Dsě-gung (ein Jünger des Konfuzius) fragte: »Was soll man davon halten, wenn einen alle Dorfbewohner lieben?« Der Meister sagte: »Das ist noch nicht angängig.« »Und was, wenn einen alle Dorfbewohner hassen?« Der Meister sagte: »Das ist noch nicht angängig. Am besten ist es, wenn die Guten unter den Dorfbewohnern ihn lieben und die Unguten ihn hassen.«*
Vgl. auch Anm. zu Kap. 63.

KAPITEL 50

§ 115 Die lapidaren Worte »*Hinausgehen leben hineingehen sterben*« lassen auch eine andere Interpretation zu: »*Ausgehn zu leben ist Eingehn zu sterben*« (Fr. Esser); Tschu Da-gau: »*Men go out of life and enter into death*«; A. Waley: »*He who aims at life achieves death.*«

§ 116 Han Fe-dsě, der das Kapital erläutert, nennt als die »*dreizehn Begleiter des Lebens*« und »*des Todes*«: die vier Gliedmaßen der Arme und Beine sowie die neun Leibesöffnungen.
Z. 3 und 4 zitiert Han Fe-dsě leicht abweichend: »*Wenn das Volk sich allzu lebhaft regt, führen die Regungen zu tödlichen Stellen. Auch ihrer sind dreizehn.*«

KAPITEL 51

117 Der Satz »*Die Macht vollendet*« sollte nicht hinwegkommentiert werden, so wunderlich er sich im *Tao-Tê-King* auch ausnehmen mag. Die *Macht* (*schĕ*) ist ein bevorzugter Terminus des Legalismus (vgl. S. 9 der Einleitung). Vielleicht sind die vier Anfangsverse (Reimschema *axaa*) interpoliert.

»*Vermehrt*«: Ich lese mit Duyvendak *hiang* statt des im Schriftbild sehr ähnlichen *ting* (»*Halteplatz*«) bei Wang Bi.

118 Vgl. Kap. 2, § 7, und Kap. 10.

KAPITEL 52

121 »*Sich . . . verbinden*«: Die Übersetzung folgt Dschang Mo-schong (1943), der sich eine Lesart des Fu I (555–639) zu eigen macht. Wang Bi hat »*üben*«. Beide Worte lauten im Chinesischen gleich.

KAPITEL 53

123 Die Anfangsverse könnten ursprünglich ein Sprichwort gewesen sein:

> Ist der Palast voll Prunk gebaut,
> Sind die Felder voll von Kraut.

Der Zusammenhang gebietet, ein »*doch*« einzufügen.
Das Kapitel ist von Han Fe-dsĕ erläutert.

KAPITEL 54

125 »*Am Reich bemißt man das Erdreich*«: Nachdem es für den Chinesen kein anderes Weltreich als das seine gab,

129

wird diese Zeile nur sinnvoll durch die Annahme, daß der Verfasser mit der politischen und der universalen Bedeutung des Begriffes *tiän-hia* (wörtlich *»das unter dem Himmel«*) spielt.

»durch dieses«: Vgl. Anm. zu Kap. 21.

Das Kapitel ist durch Han-Fe-dsë erläutert.

KAPITEL 55

§ 126   Z. 1: Auch hier wäre *»Tucht«* besser als *»Tugend«.* Vgl. *Dschuang-dsë* 23.3.

§ 127   Entsprechend den beiden Bedeutungen des chinesischen Wortes *kiang* sind auch im Deutschen *»stark«* und *»starr«* eigentlich ein Wort.

KAPITEL 56

§ 130   *»Vereint seinen Staub«:* Gemeint ist möglicherweise der Staub, der beim Fahren und Gehen aufgewirbelt wird. Der Sinn wäre dann: Der Heilige Mensch ›macht keinen Wirbel‹. *»Staub«* steht übrigens als drittes Reimwort und ist vielleicht nicht mit der feinsten philosophischen Sonde zu messen.

KAPITEL 57

§ 132   *»Mit Ordnungswidrigem«:* d. h. mit ausgefallener Taktik und Täuschungsmanövern.

Z. 4 und 5 scheinen aus Kap. 54 (Ende) verschleppt zu sein. *»Durch dieses«* steht im *Tao-Tê-King* sonst am Schluß einer Klimax, wenn die Kette der Ableitungen nicht mehr weitergeführt werden kann (vgl. Kap. 21). Gewöhnlich wird in den Übertragungen des Kapitels ein Doppelpunkt hinter *»Durch dieses«* gesetzt.

KAPITEL 58

135 Zu »*bang-befangen*« (*men-men*) und »*strebig-straff*« (*tscha-tscha*) vgl. Kap. 20, § 48.

136 Z. 3: »*First*«, wo das eine nämlich ins andere umschlägt.

Z. 4: In einigen Versionen des Wang-Bi-Textes fehlt »*noch Ketzerei*« (*siä*). A. Waley plädiert für eine Beibehaltung des Wortes, die sich übrigens auch aus metrischen Gründen empfiehlt.

Die fehlende Kennzeichnung von Zitaten und die mangelhafte Scheidungsmöglichkeit von Behauptung und Hypothese im Chinesischen lassen uns im unklaren, ob Lau-dsĕ, wie die Kommentatoren versichern, einer Relativierung des Rechten und Guten das Wort redet. Für sie sprächen die Verse in Kap. 20, § 47:

> *Sind denn das Gute, die Schlechtigkeit*
> *Wirklich einander so weit?*

Gegen eine solche Indifferenz sprächen aber Kap. 57, Z. 1, sowie manche andere Stelle, wo vom Guten die Rede ist. Man könnte sich vorstellen, daß mit dem abschließenden

> *Daß blind der Menschen Blick,*
> *Des Tage werden ewig währen!*

zwei ironisch zitierten Volksweisheiten begegnet werden soll. Die vorliegende Übersetzung hilft sich mit dem Wort »*da*«, das in doppeltem Sinn, nämlich als »*wo*, *nachdem*« und »*falls*« verstanden werden kann.

Bezeichnenderweise fehlt bei Han Fe-dsĕ, der das Kapitel erläutert, der Satz

> *Da Rechtes nicht noch Ketzerei vorhanden,*
> *Verkehrt das Rechte sich in Widrigkeit*
> *Und muß das Gute sich in Dämonie verkehren.*

Freilich ist damit das Reimgefüge gestört.

131

KAPITEL 59

Reimschema: *xxaaaaaaaaaaa; bbxb.*

§ 139   »*Des Landes Mutter*« wird als das *Tao*, der *Weg*, erklärt; so schon von Han Fe-dsě, der das Kapitel erläutert
Vgl. Kap. 25, § 58.

KAPITEL 60

§ 140   »*Grundel*«: ein sprichwörtlich kleiner, wohlschmek-
kender Fisch. Schon bei Grimmelshausen, in den *Zahmen
Xenien* und a. a. O.

Han Fe-dsěs Kommentar lautet:

*Wechselt ein Handwerker häufig seine Tätigkeit, so büßt
er von seiner Leistung ein; wird ein Arbeiter häufig ver-
schoben und versetzt, so büßt auch er von seiner Leistung
ein. Wenn ein Mensch täglich bei seiner Arbeit einen halben Tag verliert, so verliert er in zehn Tagen die Leistung
von fünf Menschen. Und wenn zehntausend Menschen bei
ihrer Arbeit täglich einen halben Tag verlieren, so geht in
zehn Tagen die Leistung von fünfzigtausend Menschen
verloren. Daher: Je häufiger die Leute ihre Tätigkeit wechseln, desto größer wird der Mangel sein.*

*Führt man neue Gesetze und Verordnungen ein, so ver-
ändern sich im allgemeinen Nutzen und Schaden. Wenn
Nutzen und Schaden sich ändern, so werden auch die
Pflichten des Volkes wechseln. Ein Wechsel in den Pflich-
ten des Volkes bedeutet, daß sie ihre Tätigkeit wechseln.
Somit ergibt eine logische Betrachtung:*

*Wenn die Staatsaufgaben so zahlreich sind, daß man die
Leute häufig verschieben muß, so bleibt ihre Leistung gering; und wenn man ein großes Gefäß, das man bewahrt,
allzuhäufig hin- und hersetzt, so wird es viel Beschädigung
erleiden. Brät man kleine Grundeln und schiebt sie zu häufig hin und her, so zerstört man ihre Zubereitung. Regiert
man ein großes Land und ändert allzu oft die Gesetze, so*

*wird das Volk darunter leiden. Deshalb schätzt ein Herr,
der den Weg hat, die Leere und Stille und nimmt Gesetzes-
änderungen ernst. Also heißt es:*

> *»Regier ein großes Land,
> Als ob du brietest kleine Gründeln!«*

Man hat den Eindruck, als ob § 140 und § 141 – sehr früh
freilich, denn Han Fe-dsě kommentiert sie als Einheit – auf
Grund des gleichen Reimes (der im Deutschen nur annä-
hernd nachvollzogen werden konnte) zusammengefügt
worden wären.

§ 141 Z. 11 und 13 dürften unrein reimen (**niěn – *ian*).

KAPITEL 62

§ 144, der offensichtlich mit § 145 wenig zu tun hat, richtet
sich gegen die Sophisten und Rhetoren. Huai-nan-dsě liest
den Reimspruch richtig; bei Wang Bi fehlt *»rechtes«* (*me*)
vor *»Wandeln«* (*hing*), wodurch sowohl das Metrum gestört wie der Reim verloren ist.
Mit Ma Sü-lun fügt Duyvendak den eingeklammerten Satz
dem Kap. 27 ein (§ 62, hinter »verworfenen Menschen«).

§ 145 Die *»drei Großminister«* (*gung*) der Dschou-Zeit sind
der *tai-schě, tai-fu, tai-bau*, der *»Groß-Führende«*, *»Groß-
Lehrende«*, *»Groß-Wahrende«* (vgl. *Schu-ging* 20.5).

KAPITEL 63

§ 146 *»Vergilt Groll mit Tugend«* (meist in der Übersetz-
zung: *»Vergilt Haß mit Güte«* o. ä. zitiert): Vgl. dagegen
den Standpunkt des Konfuzius in *Lun-yü* 14.36:
*Jemand fragte: »Was soll man von dem Worte halten
›Vergilt Groll mit Tugend‹?« Der Meister sagte: »Womit
sollten wir dann die Tugend vergelten? Vergilt Groll mit
aufrechter Gesinnung und Tugend mit Tugend!«*

133

KAPITEL 64

§ 151 »*Was noch kein Zeichen (dschau) gab*«: Vgl. Kap. 20,
§ 48. A. Waley schreibt dort: »*Ein Kind ›gibt Zeichen‹,
indem es die Hand nach irgendeinem Gegenstande aus-
streckt. Dies ist ein wichtiges Omen in Hinblick auf seine
Zukunft.*«

KAPITEL 65

Reimschema nach »Wahrlich«: *aaaa, xaaa, bbxx.*

KAPITEL 67

§ 162 »*Geräte*« wird im allgemeinen als niedere Beamten-
schaft gedeutet. Vgl. Kap. 28, § 65. Han Fe-dsě, der das
Kapitel erläutert, schreibt bemerkenswerterweise »*Ge-
schäftsträger*« (*tschong-schĕ*) statt »*Geräte*« (*ki*).
Die letzte Doppelzeile des § 163 fehlt bei Han Fe-dsě;
vermutlich ist es die Glosse eines späteren Abschreibers.

KAPITEL 68

Reimschema: *aaaa, bbb.*
»*Himmels-Paarung*«: d. h. Harmonie mit der Allnatur.
Nach dem Vorschlag Ma Sü-luns und anderer eliminiert
Duyvendak im letzten Vers *gu* (»*Altertum*«) und beginnt
das folgende Kapitel mit *gu-dschĕ* (»*seit alters*«). Der
Schreibfehler ist leicht erklärlich.

KAPITEL 69

§ 166 *»Meine Kostbarkeit«*, d. h. die Barmherzigkeit. Vgl. Kap. 67.

Der heutige Wang-Bi-Text liest *king-di*, *»den Feind leicht nehmen«*; doch spricht Wang Bis Kommentar von *wu-di*, *»ohne Feind sein«*.

A. Waley schreibt hierzu:

»In dem Streit um das Reich, der die letzte Phase der Feudalzeit in China kennzeichnet, war die Losung: ›Kein Feind unter dem Himmel‹, d. h. jeder Staat ersehnte die Zeit, da er alle übrigen Staaten niedergezwungen hätte. Die Realisten [A. Waleys Bezeichnung für die Legalisten, d. Ü.] gebrauchten die Losung in einem weiteren Sinne, indem sie dieselbe auch auf die Innenpolitik bezogen: Der Staat kann keine Kritik oder Opposition dulden. Daß diese Maxime, in beiden Bedeutungen, nur auf Kosten der Barmherzigkeit befolgt werden konnte, liegt auf der Hand. Spätere Herausgeber, die nicht mehr die Mitbedeutungen (connotations) des Ausdrucks ›ohne Feind‹ verstanden, änderten den Text zu ›seinen Feind unterschätzen‹; aber aus Wang Bis Kommentar geht hervor, daß er ›ohne Feind‹ las und durchaus verstand, was der Ausdruck bedeutet.«

KAPITEL 70

§ 168 *»Mein Wort hat einen Ahn, Mein Werk hat einen Herrn«*, d. h. einen Grundgedanken, ein System.

§ 170 D. h., er stellt sein Licht unter den Scheffel.

KAPITEL 71

§ 171 Vgl. Konfuzius (*Lun-yü* 2.17): *»Soll ich dir sagen, Yu, was Wissen ist? Wissen Wissen zu nennen und Nichtwissen Nichtwissen, das ist Wissen.«*

135

Die übliche Übersetzung des verspielten Satzes bei Lau-dsӗ

Wissen Nichtwissen zu nennen, ist das Höchste;
Nichtwissen Wissen zu nennen, ist krankhaft.

läßt sich nur unter Mißachtung grammatischer Regeln auf-
rechterhalten.

KAPITEL 72

§ 173   Die Übersetzung des einleitenden Doppelverses folgt
den Ausführungen J. J. L. Duyvendaks, der ihn m. W. als
erster erhellt hat.
»mühst – müde«: Lau-dsӗ spielt mit den beiden Bedeutungen des Wortes *yän*; die deutschen Äquivalente stam-
men ebenfalls von einer Wurzel.
Mit Ho-schang-gung (vermutlich Tang-Zeit) lese ich *hia*
(*»einengen«*) statt *ya* (*»intim«*).

KAPITEL 73

§ 175   *»Leben«* kann gemäß der Eigenart der chinesischen
Sprache zugleich als *»Leben geben«* aufgefaßt werden.
§ 150 ist in Kap. 63 vorgekommen. Auf der Steinstele des
Lung-hing-Klosters von I-dschou (708 n. Chr.) ist der in
diesem Zusammenhang sinnlose Satz ausgelassen.

KAPITEL 74

»Ordnungswidriges«: Vgl. Kap. 57.

KAPITEL 75

§ 180   Die Übersetzung folgt der Lesart des Fu I (555–639
n. Chr.), welcher *guë* statt *dschö* hat.

KAPITEL 76

181 *»geboren wird«*, *»wachsen«* und *»Lebens«* sind im
Chinesischen ein Wort (*schong*).

KAPITEL 77

185 Vgl. § 7 und § 118.

KAPITEL 78

186 *»Das Nicht-Sein macht ihm dies leicht«:* Vgl. Kap. 43,
§ 101. J. J. L. Duyvendak ist m. W. der einzige, der Z. 5
so deutet. Die übliche Übersetzung: *»Sie haben nichts, womit sie jenes verändern könnten.«* – *»Leicht«* und *»verändern«* sind im Chinesischen ein Wort (*i*).

KAPITEL 79

191 Bei Abschluß eines Handels wurden zwei aneinander-
passende Kerbhölzer verwendet, deren *linken Teil* der
Gläubiger behielt.

KAPITEL 80

Z. 2 und 3: Vgl. das *Schĕ-gi* (*»Annalen des Großhistoriographen«*) des Sĕ-ma Tsiän (um 100 v. Chr.), Buch 68. Dieses handelt von dem Staatsmann We Yang, dem »Herrn
von Schang«, welcher im 4. Jh. vor Chr. im Staate Tsin
jene umwälzenden Reformen durchführte, die der Tsin-
Dynastie zur Vorherrschaft im chinesischen Weltreich ver-
halfen (vgl. S. 9 der Einleitung). Auf We Yangs Reform-
vorschläge antwortet ein Hofmann aus We namens Du
Dschĕ: »Wenn der Nutzen nicht hundertfach, ändert man

kein Gesetz. Wenn der Erfolg nicht zehnfach, wechselt ma›
kein Gerät.«

Zur Ablehnung des technischen Gerätes durch den Taois
mus vgl. des weiteren *Dschuang-dsë 12. 11*:

*Dsë-gung (ein Jünger des Konfuzius) war in den Süde›
nach dem Lande Tschu gewandert und kam, als er nac›
Dsin heimkehren wollte, durch den Kreis Han-yin. D‹
bemerkte er einen Alten, der gerade seinen Gemüsegarte›
versah: Durch einen Schacht stieg er zum Brunnen hinei›
den Krug in der Hand, kam er heraus; Guß um Guß, s‹
netzte er die Felder – die aufgewandte Mühe war seh›
groß, der sichtbare Erfolg aber war gering.*

*Dsë-gung sagte: »Es gibt ein Gerät hierfür, das bewässer›
hundert Felder in einem Tag. Die aufgewandte Mühe is›
sehr gering, der sichtbare Erfolg aber ist groß. Möchtet Ih›
das nicht auch haben, Meister?«*

*Der den Garten versah, hob den Kopf, schaute jenen a›
und sagte: »Wie das?«*

*Sagt jener: »Man durchbohrt einen Baum, daß er ein Ge›
triebe bildet, hinten schwer, vorne leicht. Wenn man dami›
das Wasser emporzieht, so flutet es in einem Schwall da›
hin. Sein Name ist ›Schwingbaum‹.«*

*Der den Garten versah, wechselte vor Zorn die Farbe›
dann aber sagte er mit einem Lachen:*

*»Ich habe gehört, bei meinem Lehrer: ›Wer ein Getrieb›
besitzt, dessen Geschäfte werden durchtrieben. Wessen Ge›
schäfte durchtrieben sind, dessen Sinn muß durchtriebe›
werden. Wem ein durchtriebener Sinn in der Brust wohnt›
bei dem kann Reinheit sich nicht vollenden. Wo Reinhei›
sich nicht vollendet, da kann der lebendige Geist sich nich›
niederlassen. Bei wem der lebendige Geist sich nicht nieder›
ließ, der kann vom Tao nicht getragen werden.‹ Ich wei›
von jenem Ding gar wohl –: aus Scham ist's, daß ich e›
nicht gebrauche ...«*

Z. 10: Die *Knotenschnur*, der Quippu, war vermutlich Vor
läufer der chinesischen Schrift.

138

KAPITEL 81

194   Die Anfangsverse werden meist übersetzt:

Wahre Worte sind nicht schön;
Schöne Worte sind nicht wahr.

Die Wiedergabe des Wortes *sin* (»*vertrauen, treu, Treulich-keit*«) durch »*wahr*« verwischt allzuleicht den Unterschied zwischen dem abendländischen Philosophieren, dem es weitgehend um »die Wahrheit« zu tun ist, und dem chinesischen, das zuvörderst dem rechten Verhalten zwischen den Menschen gewidmet ist. Daß man seinem Vorgesetzten oder Vertragspartner vertrauen kann, ist eine der Grund-forderungen chinesischer Ethik. Im *Tao-Tê-King* finden wir das Wort *sin* beachtlich oft: vgl. Kap. 8, 17, 21, 38, 49, 63, 81. Es unterstreicht den Ernst in Lau-dsës Bemühen um das rechte Verhältnis zwischen Herrscher und Untertan, einen Ernst, in dem er nebenbei dem Konfuzius nahekommt. Vgl. *Lun-yü 12.7:*
Dsĕ-gung fragte [seinen Lehrer Konfuzius] nach [den Grundlagen einer guten] Regierung. Der Meister sagte:
»*Ausreichende Nahrung, ausreichende Rüstung, und das Volk muß dir vertrauen.*«
Dsĕ-gung sagte: »*Und wenn man alles nicht haben kann, welches der drei Dinge soll man zuerst aufgeben?*«
Er sagte: »*Die Rüstung.*«
Dsĕ-gung sagte: »*Und wenn man beides nicht haben kann, was soll man dann aufgeben?*«
Er sagte: »*Die Nahrung. Seit alters müssen wir alle ster-ben; aber wenn das Volk nichts hat, worauf es vertraut, kann [der Staat] nicht bestehen.*«

BIBLIOGRAPHIE

Aus der unübersehbaren Literatur zum *Tao-Tê-King* seien nur wenige, richtungweisende Werke genannt:

Übersetzungen (mit Kommentar)

Stanislas Julien: Lao Tseu, Tao Te King, Le Livre de la Voie et de la Vertu. Paris 1842. [Die grundlegende Übersetzung und Abhandlung in Europa.]

Victor von Strauß: Lao-Tse, Tao Tê King. Bearb. und eingel. von W. Y. Tonn. Zürich o. J. [zuerst 1870].

Richard Wilhelm: Laotse, Taoteking. Das Buch des Alten vom Sinn und Leben. Jena 1921.

Erwin Rousselle: Lau-dse. Führung und Kraft aus der Ewigkeit (Dau-Dö-Ging). Leipzig o. J.

Franz Esser: Lau Dse, Dau Do Djing. Des alten Meister Kanon vom Weltgesetz und seinem Wirken. Peking 1941

James Legge: Tao Teh King. Oxford 1891.

Arthur Waley: The Way and its Power. A Study of the Tao Tê Ching and its Place in Chinese Thought. London 1934

Ch'u Ta-Kao (Tschu Da-gau): Tao Tê Ching. London 1959 [zuerst 1937].

Jan Julius Lodewijk Duyvendak: Tao Te Ching. The Book of the Way and its Virtue. London 1954 [Holl. 1942].

Eduard Erkes: Ho-shang-kung's Commentary on Lao-tse. Ascona 1950.

Ifukube Takahiko: Rōshi dōtokukyō kenkyū [»Untersuchungen zu Lau-dsēs Tao-Tê-King«]. Tokyo 1955.

Abhandlungen

Bernhard Karlgren: The poetical Parts in Lao-tsï. In: Göteborgs Högskolas Ârsskrift 38 (1932).

Homer H. Dubs: The Date and Circumstances of the Philosopher Lao-Dz. In: Journal of the American Oriental Society (1941).

Derk Bodde: The New Identification of Lao Tzu. In: Journal of the American Oriental Society (1942). [Replik zu letzterem.]

Chinesische Textrekonstruktionen und Kommentare

Ma Sü-lun: Lau-dsĕ ho-gu [»Lau-dsĕ, revidiert und erklärt«]. o. O. 1924.

- Lau-dsĕ giau-gu [»Lau-dsĕ, verglichen und erklärt«]. Peking 1956.

Yang Schu-da: Lau-dsĕ gu-i [»Lau-dsĕ, seine ursprüngliche Bedeutung«]. Shanghai 1928.

Li Kiau: Lau-dsĕ du-dschu [»Alte Kommentare zu Lau-dsĕ«]. 2 Bde. o. O. 1929.

Gau Hong: Lau-dsĕ dschong-gu [»Lau-dsĕ, emendiert und kommentiert«]. Shanghai 1930.

- Tschung-ding Lau-dsĕ dschong-gu [»Neue Ausgabe« des obigen]. Peking 1956.

Ho Schĕ-gi: Gu-ben Dau-Dö-Ging giau-kan [»Die ältesten Ausgaben des Tao-Tê-King]. Hrsg. von der Academia Sinica. Peking 1936.

Dschang Mo-schong: Lau-dsĕ bai-hua gü-giä [»Lau-dsĕ, in Umgangssprache erläutert«]. Kowloon [1943].

Yang Gia-lo: Lau-dsĕ. Hongkong 1957. [Mit einer Übersetzung Dschong Lins.]

Dschu Kiän-dschĕ: Lau-dsĕ giau-schĕ [»Lau-dsĕ, verglichen und erklärt«]. Shanghai 1958.

141

Bibliographie

Yän Ling-fong: Dschung-wai Lau-dsě dschu-schu mu-l
[»Katalog chinesischer und ausländischer Arbeiten übe.
Lau-dsě«]. Tai-be 1957.

Herbert Franke: Sinologie. Bern 1953. (Wissenschaftlich
Forschungsberichte, Orientalistik. T. 1.) [Für Publikatio
nen zwischen 1935 und 1942.]

Weitere Titel finden sich in den Anmerkungen zur Einleitun;
und zur Übersetzung.